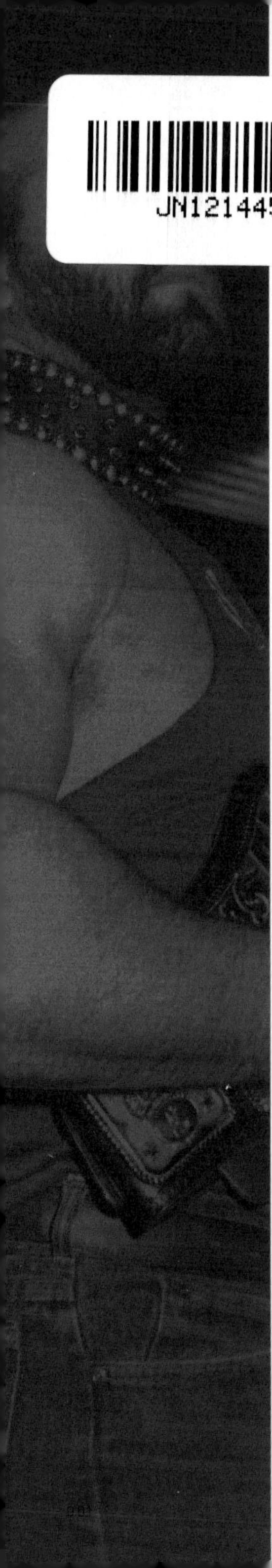

KAMINOGE Nº 107

Cover PHOTO
ESSEI HARA

KAMINOGE COLUMN

PETIT KASHIMA

俺の人生にも、一度くらい幸せなコラムがあってもいい。

VOL.106

自分にとってのマイノリティー問題

プチ鹿島

プチ鹿島（ぷち・かしま）
1970年5月23日生まれ。芸人。
TBSラジオ『東京ポッド許可局』（月曜24時〜）出演中。

ラジオを聴いていたら、レベルが低い米大統領選の討論会のことをプロレスに例えていてうんざりした。茶番という文脈だった。その大学教授は「私、プロレスはあまり詳しくないけど、WWなんとかみたいなやつ」とも。言っておくがWWEはあんなずさんな討論会に比べたら、いつも完璧を追求してシビアだ。適当にやってるとか茶番の比喩でWWEを出すのは正反対。そんなの見ていればわかる。

そう、私が驚いたのはこの教授はWWEに対して「知識がない」のに例えに出している点だった。しかも発言の前に「こんなこと言うと、いつもプロレスファンの方は怒るんですけどね」とわざわざ前置きしていたこと。つまり以前からプロレスで例えることにファンから拒否反応が出ていたのだろう。それなのに今回も言う。ドン引きである。嫌がる相手がいるのをわかっていて何度も繰り返す。これってもう暴力でしょう。

とても深刻だと思うのは、「自分にとってのマイノリティー」には平気でずさんな対応をしてしまう態度である。

自分にとって興味のないジャンル（マイノリティー）には残酷で雑な振る舞いをできてしまう。冷笑し、嘲笑的に語れてしまう。誰かが傷ついているのも気づかずに。

番組自体は、普段は弱者やマイノリティーの立場に立ち、少数派の声を大切にしている。立派で尊敬する内容だ。だからこそ、この日の出演者の教授の態度が気になった。どんなに社会的に良い解説をしたとしても、自分が愛のないジャンルには平気で無知と偏見を垂れ流し、嫌がるファンの足をまたしても踏みつけてるのだから台無しである。

これはけっして人ごとではない。つまり、人間はフェアになろうとしても公正になろうとがんばっても、つい自分が知らぬ間に「誰かが悲しむことを喜んで言ってしまう」危険性があるのだ。これは怖い。自分への戒めにもしたい。たぶん足を踏んだほうはまだ気づいていないだろう。ゾッとする。知や教養ってなんだろうと思う。

自分のことで言うと、私はまだ何も知ら

ないということを自覚している。つまり無知の知。これってずいぶんレベルが低い知だが、自分以外はみんな馬鹿とか、自分は何でも知っているという空気が多く見られる昨今、無知の知という自覚は意外に捨てたもんじゃないと思ってる。

最近話題の「日本学術会議」の件でもとてもザワザワする言説がある。次のようなものだ。

《学問の自由への侵害という批判もあるが、そもそも学術会議メンバーに任命されないことがなぜ学問の自由の侵害に当たるのか。会員にならなければ自由な研究ができないわけでもあるまい。》（産経新聞10月8日）

これは新聞の社説ですが、似たようなことを言う人がけっこういる。

夕刊フジに載っていた長谷川幸洋氏（元東京新聞）もコラムで《別に会員でなくても、学者は自由に研究すればいい。》と断定して書いていた。さらに「日本学術会議」にはお金をかけすぎという意見を言う人もいる。

しかし、こんな簡単に言い切っていいのかなぁ？　十分に知ったうえで言い切っているのかなぁ？

私はずっとザワザワしていたのである。なんか大雑把な物言いに思えて仕方なかったのだ。

するとニュースで大学院生が「いまは公的支援を受けないと全然研究ができない。こういう事態が進むと研究者の道を諦めないために無難な研究をすることになる。政権ににらまれない研究を……」と将来への不安を言っていた。ああ、現場の声だと思った。

さらにラジオを聴いていたら、科学史家で名古屋大学大学院教授の隠岐さや香氏がこんなことを言っていた。

《「個々の研究ができるから」とおっしゃる人については、ずいぶん幸せな担当で研究をしてきた人なんだなって。いまでもいろんな分野を研究するにあたって学問の自由が常に保証されているなんてことはないんですよ。一部の分野については本当にそういう圧力を感じながら研究しているということは日々あるので、だから好きに研究できるから大丈夫だなんてことはとても私の口からは言えないです。》

つまり毎日が闘いだという。自分が本当にやりたいと思っていることを貫くためにいつも緊張しなきゃいけないという。

こういう声を聞くと、学者は自由に研究すればいいと簡単に言っちゃう人はいかに「おめでたい」かわかる。「会員にならなければ自由な研究ができないわけでもあるまい」という言説がいかに何も知らない外野の言葉かわかる。

おそらくですが、圧力を感じながら研究している方は「そんな無駄なものが何になる」という意見とも闘ってきたのではないだろうか？「お金と時間をかけて何をやっているんだ」という誤解と偏見にも直面してきたことだろう。

でも、学問に対してすぐにコスパを求める考え方って危険ではないだろうか。単純すぎないだろうか。あまり言いたくないけど反知性主義という言葉さえ浮かぶ。

もう少し現場のことを想像したほうがいいと思った。ついでに言えば世間から大いなる無駄に見えてもけっして無駄ではない、そのうち人生に役立つかもしれないという想像力と余裕もほしい。

このあたりは『ＫＡＭＩＮＯＧＥ』読者はきっと得意なはずです。

太田忍

【レスリング・リオ五輪銀メダリスト】

「レスリングと違って、
練習でなんとかならない部分もあるのが
格闘技なんじゃないかなとボクは思っています。
でも、組んだら負けないと思いますし、
実際には打撃もまあまあ見えるように
なってきたような気が……（笑）」

ALSOK 退社後、初インタビュー敢行!
世界が恐れる忍者レスラーよ、MMA が待ってるぞ !!

収録日：2020 年 10 月 13 日　撮影：タイコウクニヨシ　写真：保高幸子　聞き手：井上崇宏

KAMINOGE THE NINJA WRESTLER

「もういろんなところで言われていますけど、MMAもぶっちゃけ凄く興味があります」

——これはALSOK退社後、初取材になるんですかね？

太田　初ですね。いろんなところから取材のお話はあって、それは退社したことがニュースになったからなんですけど、ボク自身はそのことについて何も発言していない状態なので。

——ぶっちゃけた話、レスリングを20年やってこられて、ALSOK退社＝レスリング引退ってことなんですか？

太田　いや、まだオリンピックを目指したいから、引退っていうわけではないですね。まだ全然できる歳ですし、だから今回は環境を変えようと思っただけです。これからいろんなことをやっていきたい気持ちがあって、だけど会社に所属しているとやっぱり制限があるわけですよ。それなら自分が好きなことをできるように環境を変えようっていう感じですよね。

——レスリングでは、文田健一郎選手との一連のライバルストーリーがあるんですけど、本当に最強レスラーふたりが同じ時代の同じ階級にいて、勝ったほうが世界でメダルを獲るっていう。そんな凄まじい状況の中、東京五輪の代表には、去年の全日本決勝で太田さんに勝った文田選手が選ばれて。

太田　もともと彼はボクのパートナーだったんですよ。

——日体大の2つ後輩で、4年前のリオ五輪には太田さんの練習相手として帯同していたんですよね。

太田　それで去年はどっちも違う階級で世界チャンピオンになって。しかも、ふたりとも決勝の相手がロシア人だったじゃないですか？　こないだロシアの国内大会があって、ボクが決勝でやった選手と健一郎が決勝でやった選手が試合をしたんですけど、ボクと試合をしたほうが勝ったんですね。だから、たぶんボクに負けた選手が世界選手権とオリンピックにロシア代表で出てくると思うんですよね。

——なかなか複雑な状況ですね。

太田　なので、もう代表は健一郎に決まったんですけど、たぶんボクが出ても金メダルは固いと思うんですよ。

——60キロ級の代表は文田選手ということで、太田さんは67キロ級でオリンピックを狙っていたんですよね。

太田　だから67キロで全日本に出たんですけど、1回戦で負けちゃったんで。

——60キロだと世界最強レベルの実力を持ちながらオリンピック代表にはなれなかったということですよね。さっきおっしゃった、「自分が好きなこと」っていうのはなんですか？

太田　いまやっているYouTubeもそうだし、アパレルとかもやろうと思っていますね。陸上の藤光謙司が作ったア

スリートオーナーという法人があるんですけど、そこでいろいろやったりとかもしたいなと。あとは、もういろんなところで言われていますけど、MMAもぶっちゃけ興味はあります。それは凄くあります。

——その興味がもう漏れていますよね（笑）。

太田　でも、やっぱり自分の中では「レスリングをやり切らないと」っていう気持ちもあるし。じつはすでにMMAの練習もちょっとだけしていて、ボクの大学の1個上の先輩にKRAZY BEEの（松澤）力也がいて、インカレで2連覇くらいしたんですよね。力也とは大学のときからめちゃくちゃ仲がよくて、昨年末あたりに「ジムに遊びに来いよ」みたいな感じで誘われてからちょくちょく一緒に練習をやったりしていますけど、MMAは楽しいですね。でも楽しいんだけど、それを職業にしちゃったらしんどいと思うんですよ。レスリングもそうですけど、しんどいし、そんなに甘くないし。

——太田さんはグレコローマンですけど、フリースタイルと比べてどっちがMMAに順応しやすいんですかね？

太田　グレコのほうが順応しやすいと思いますけどね。フリーだと構えが低くなっちゃうので、それを起こすのに時間がかかるんじゃないですかね。

——長年のクセですね。

太田　それとタックルもやればできるので。日本のレスラーって、たぶんほとんどがちびっこからやってきているのでタックルはできるんですよ。

——そうですよね。中学までは全員フリーですもんね。

太田　ボクもいま遊びでMMAの練習をしていて、くっついたところでの組み合いとかをすると「グレコをやってきたことが通用する部分もあるんじゃね？」って思うところもあるので。

——最近だと、BRAVEの武田光司選手もグレコ出身ですよね。

太田　そうですね。倉本（一真）先輩もグレコでガチガチの全日本チャンピオンでしたけど、やっぱりみんなMMAの試合でも投げたりしていますよね。

「ボクが匂わせてるんじゃなくてまわりが煽っているだけじゃないですか（笑）。『なんかおかしくね？』と思って」

——太田さんの身体能力的に、打撃を覚えちゃえばMMAでも全然勝負できちゃうんじゃないかなっていう気がするんですけど。

太田　どうなんですかね。まあでも、総合格闘家もレスリングの練習をしていますけど、じゃあ、レスリングの試合に出て勝てるかっていえば勝てるわけがないじゃないですか？　レスリングをやっていて、打撃を覚えたらMMAで勝てるかっ

ていえば、そんなに簡単じゃないと思いますね。

——ただ、太田さんの場合は、そのレスリングがかなりハイレベルなわけで。

太田 軽く練習をやってみてちょっと思うのは、まずパンチが見えないんですよ。当たっちゃうから、そんなのまともに食らっちゃったら死んじゃうし。やることがいっぱいあると思うから、そんなすぐに通用するとかではないとは思いますね。

——以前、同じレスリング出身の宮田和幸さんは「パンチを覚えるのに3年かかる」っておっしゃってましたね。やっぱり最初はまったく見えないって言ってました。

太田 見ようと思ったら当たっちゃうんですよ。相手の動きを見ていて「あっ、パンチくるな」と思ったら、もう当たってる感じですね（笑）。宮田さんといえば、ボクは前に宮田さんのジム（BRAVE）にレスリングを教えに行ったことがあるんですよ。レスリングのちびっことグラップリングやMMAをやっている選手たちに、ボクの得意技のがぶり返しを教えてやってくれって言われて。それからは宮田さんからも「MMAをやってみるか？」みたいな感じで連絡をもらったりしていたんですよ。

——そのとき、なんて答えたんですか？

太田 「まあ、興味はあります」みたいな（笑）。

——ずっと匂わせ続けてきた、ここしばらくですよね（笑）。

太田 いやいや、ボクが匂わせてるんじゃなくてまわりが煽っているだけじゃないですか（笑）。「なんかおかしくね？」と思って。

——でも、あれだけYouTubeでMMAファイターたちとキャッキャやってたら、そう思われるのもしょうがないですよね（笑）。

太田 結局、YouTubeって身体を動かすほうが（再生回数が）伸びるんですよ。

——まあ、太田忍でいちばん観たいのはそこですからね。

太田 これまででいちばん再生数が取れたのが、ドンマイ川端との柔道対決ですから。

——あれ、めっちゃおもしろかったです。凄い巻き投げを披露して（笑）。

太田 やっぱり真剣に対決をするやつが数字が伸びるんだなと思ったんですけど、ボクはどうしてもふざけちゃうんですよね（笑）。

——いつもふざけてますよね（笑）。たしかにガチの雰囲気を出したほうがみんなも見入っちゃうと思うんですけど。

太田 それはわかってるんですけど、ふざけちゃうんですよ。

——太田さんって、身体の器に、自分のパワーが収まりきれていない感じがしますよね（笑）。

太田 どういうことですか？（笑）。

――那須川天心選手とかもそうなんですけど、常にじっとしていられないというか、人と会話をしているときでも身体を動かしていないと気が済まない感じというか。

太田　それは多動性とかじゃないんですか。

――太田さんは違いますか？

太田　ボクですか？（笑）。いや、カメラが回ったらそんな感じになりますけど、普段は……いや、どうなんだろう？　楽しくなっちゃうともうダメですけど、ひとりのときはわりとウロチョロしないですよ。基本はぼーっとしていますし、ぼーっとしていて気づいたら2時間くらい経ってるときとかあるんで。

――授業中とか、黙ってじっとしていられました？

太田　まあ、授業中はずっと机に伏せてたんでなんとか（笑）。

――太田さんは青森の出身で、小学1年生からレスリングを始めたということですけど、青森ってレスリングが身近にあった感じですか？

太田　ボクが始めたときは身近にはなかったですけど、父親が高校までレスリングをやっていたんですよ。それで大学に進学しようとしたときに首をケガしちゃってできなくなったんですね。それで青森って相撲も強いじゃないですか？　父親は相撲もやっていて、地区の相撲大会とかではかならず優勝しているくらい強くて。

「親父が家の近くにある小屋にレスリング場を作ったんです。そこからですね、エグい練習が始まったのは」

――お父さんがもともと強かった。

太田　はい。それで最初は幼稚園くらいのときに親父に小学校の相撲に連れて行かれたんですよ。ボクは「やりたくない」って言ったんですけど、親父がまわしをプレゼントしてくれていて「相撲に行かなかったら、まわしを捨てるぞ！」って言われて。

――なんちゅう脅しですか（笑）。

太田　「べつにまわしはいらないんだけど……」と思ったんですけど（笑）。でも捨てられちゃうのは嫌だなと思って、「じゃあ、行くわ」って。それで、たぶんポテンシャルは高かったんでしょうね。当時、幼稚園とかだと体重も10何キロですよ。それで普通に小学2～3年生くらいとやっても負けないんですよ。

――えっ、本当ですか？

太田　そうなんですよ。だいたい頭からガーンと突っ込むんですけど。

――というか、突っ込めたんですね。

太田　だからボクは相撲をやってたから、ここ（額の上部分）

がボコッと出っ張ってるんですよ。ちょっと触ってみてください。

——あっ、本当だ！　そしてめちゃくちゃ硬い。

太田　それでいまでも忘れられないんですけど、小学校1年生の3学期に、親父に「遊びに行くぞ！」って言われて「あっ、行く行く！」ってついて行ったんですけど、ボクは釣りが好きだったんですよ。親父とも戯れて遊ぶのは、釣りかキャッチボールくらいだったんですね。釣りはけっこうやっていて、その日もいつも海釣りに行く方向だったから「やった、釣りか」と思ってクルマの中で寝ていて、「おい、着いたぞ」って起こされたら、めちゃくちゃデカイ建物なんですよ。それは高校だったんですけど、親父の母校で。それで中に入ったらキャッキャやってるんですよ。「なんだろうな？」と思って見てみたら、それがちびっこレスリングだったんです。

——どこの高校ですか？

太田　八戸工業大学第一高等学校です。それでボクは最初はただ見ていただけだったんですけど、のちの恩師となる勝村（靖夫）先生から「やるか？」って声をかけられたんですね。そこでボクは「やりたくない」と答えて。

——そりゃあ、やりたくないですよね。さっきまで釣りがしたかったんですから（笑）。

太田　でも結局やらされて、そのときの相手が女の子だったんですけど、全国で2番の子だったんですよ。それはあとから知ったんですけど、とりあえずやることになって、ボクは相撲をやってたからいきなりドーンってその子をぶっ倒しちゃったんですね。そうしたら「絶対にやったほうがいい！」って言われて、強制的にレスリングを始めることになったんですよ。そこから1日5時間くらいの練習が始まりましたね。

——キッズレスリングでそんなに練習をやってたんですか!?

太田　最初はタックル2時間くらいから始めて、徐々にタックル3時間、スパーリング2時間の5時間ですね。家の玄関先でボクがタックルに行ったら、親父がボクを喜ばせるためにわざとドーンって壁まで当たりに行くから、そこの壁がもうボコボコになってるんですけど（笑）。

——5時間っていうのはチームの練習じゃなくて、ほぼ家でのお父さんとの練習なんですね。

太田　それで始めてから1週間くらいで出たライオンズ杯っていう北日本大会で優勝しちゃって。

——さすが（笑）。

太田　頭突きみたいな感覚で、相手の腹に入るタックルみたいなやつでどんどん勝っていって。

——まだルールなんてほとんど理解していない頃ですよね。

太田　わかってないです。それで、その5カ月後にあった全国大会で1回戦負けをしたんですよ。その相手は阿部宏隆っ

THE NINJA WRESTLER

WELCOME TO MMA

ていう、のちの国士舘卒のヤツなんですけど、そいつは幼稚園から全国3連覇中とかだったんですよ。それと4－5の試合をして。

——それでも接戦を演じたんだ（笑）。

太田　それで親父が本気になっちゃって。

——息子が負けてカッカしちゃったんですね。

太田　それで工大一高がレスリングマットを取り替えるからっていうので、要らなくなった古いマットを親父がもらってきて、家の近くにある小屋にレスリング場を作って。そこからですね、エグい練習が始まったのは。

——親子でのマンツーマンですよね。

太田　そこに姉（太田理穂）も駆り出されて、半年後くらいに始める羽目になるんですけど。

——お姉さんとは何歳違いですか？

太田　ふたつ上ですね。最初はボクのタックルを受けるのが目的だったんですけど、タックルに入られたことが楽しかったのか、「私もやりたい！」って言い出して（笑）。それでボクは毎日地獄だったんで「これは巻き込んでやろう」と思って。

——そうなりますよね（笑）。

太田　「めちゃくちゃ楽しいからやったほうがいいよ！」って言って（笑）。姉も2013年くらいまでやったんですよ。高校卒業して自衛隊体育学校に入って、社会人チャンピオンくらいにはなりましたね。全日本にも出たんですけど。

「親父がもうノーモーションで、火にかけてるやかんをスナップスローで投げてきたんですよ（笑）」

——そんなに強くなるまで巻き込まれて（笑）。太田さんは翌年からの全国は全部獲ってるんですよね？

太田　小学生のときはそこから4連覇しましたね。とにかく毎日親父と5時間くらい練習していたから、小学生の全国大会なんて旅行しに行ってるようなものだったんで。

——「ちょっと押さえてきまーす」みたいな（笑）。

太田　でも相手をフォールしたら、「離せー！」ってセコンドから声が飛ぶんですよ。

——どういうことですか？

太田　練習にならないからって。だから押さえ込んでも1回離してスタートしなきゃいけなくて。

——大事な全国大会で。ちょっと意味がわかんないですね（笑）。

太田　だから「離せー！」って言われて「えっ、どういうこと!?」と思いながらも1回離してみたんですよ。でも「いやいや、やっぱやべえじゃん！」と思って、その次からはそう言われても絶対に離しませんでしたけど（笑）。

——そうですよね（笑）。その「離せー！」って指示を出すセコンドはお父さんですか？
太田　そうです。親父は頭がおかしいんです。
——「いや、これ練習じゃなくて試合だろ！」ってなりますよね（笑）。
太田　意味がわかんないんですよ（笑）。まあ、そういう親父だったので、ボクの基礎をきっちり作ってくれたんですけど。よく言われるのが、自分の子どもの成績は、もし親がケガをしていなかった場合の成績と同じくらいだろうっていう。でも親父は絶対にあんなに練習できないですよ（笑）。
——やっぱり、いまの一流アスリートたちの強さの鍵は父親なんですね。
太田　親が重要じゃないですか。
——いつから始めさせるとかも含めて。
太田　いまって「子どもには自由にやりたいことをやらせる」とか言いますけど、それでトップレベルになれる可能性は低いですよ。ガッチガチにやらせないと無理です。ただ、ボクは子どもには絶対に好きなことをやらせますけどね（笑）。
——だからスポーツあるあるですけど、一流アスリートは我が子にスパルタ教育はやらないんですよね。
太田　そもそも子どもにレスリングをやらせたいとは思わないですからね。ウチはヤバイときなんか、火にかけているやかんが飛んできましたから（笑）。
——えっ、本当ですか!?　それはストーブの上にあったやかんですか？
太田　はい。反抗期っていうか小学生のときって「やれ！」って言われてもできないから、「うっせえな……」みたいな感じの態度を出したら、親父がもうノーモーションで火にかけてるやかんをスナップスローで投げてきたんですよ（笑）。
——怖いですね！（笑）。
太田　そんなの、いまだったらヤバイですけどね。
——いまも昔もヤバイですね（笑）。
太田　そのとき、ボクは道場の外に走って100メートルくらい逃げましたから。
——どっちみち、家に帰らなきゃいけないけど（笑）。
太田　ただ、親父は練習が終わればレスリングのことはいっさい言わないんですよ。練習のときだけめちゃくちゃ怖いんです。
——名コーチじゃないですか。
太田　普段の生活の中で、親父からレスリングのことを言われたことは一度もなくて。だから家だと普通に仲のいい親子なんですよ。一緒に釣りもするし、キャッチボールもやるし。
——軽口も叩ける仲ってことですね。
太田　はい。だけど練習のときもそのノリで行ったらブチかまされるから、「あれっ!?」と思って（笑）。

「まわりに言われたことをただやっていただけで、そうしたら強くなっていた。自分では本当に何もしていないんです」

——だけど、いまはどの競技も親が劇画脳の家庭で育った子どもたちが勝ってますもんね。天心選手のお父さんもキックをやったことがないんですから。

太田　あっ、そうなんですか？　でもミットを持つのがめちゃくちゃうまいじゃないですか。

——極真空手の経験はあるみたいですけどね。だから長年、那須川天心のミットを受けてるから、あの人はパンチが凄い見えてると思うんですよ（笑）。

太田　ウチの親父は180センチで90キロくらいあって、けっこうデカイんですよ。それでウェイトもやってるからめちゃくちゃいい身体をしていて、普通にソファーとかを片手で持ち上げるんで（笑）。

——片手でソファーを！（笑）。

太田　ふたりがけのソファーを片手でぶん投げてきますから。握力も80キロくらいあったし（笑）。そんな親父に育てられたもんだから、中学は1年生のときだけ負けちゃったんですけど全国2連覇して、高校はフリースタイルが勝てなくて1年生からずっと2番なんですけど、2年生のときに遊びで出たグレコでなんだか知らないけど優勝しちゃって。そこからグレコに転向して日体大に進学してって感じですね。

——そんな端折って語るような経歴ではないですけどね（笑）。高校はどうして山口県の学校に進んだんですか？

太田　ボクがレスリングを始めるきっかけとなった勝村先生は、青森県の八戸工業大学で20年くらい教授をやられていたんですけど、もともと山口県の出身なんですよ。それで2011年に山口国体があったんですけど、その何年か前にレスリングで山口県勢の国体順位が全国最下位だったんですよ。これじゃアカンということで、山口国体に向けた強化のために勝村先生が地元に帰られたんですね。そこでボクが高校進学をどこにするかっていうので悩んでいたときに「こっちに来ないか？」って呼んでくれたんです。それで柳井学園に入学して。

——そういうことだったんですね。

太田　しかも条件がいちばんよかったんですよ。親にはいっさい負担がかからないような感じで、寮費もタダだし、食費もタダ、授業料もタダ。小遣いも勝村先生から月1万もらっていたんで。まあ、山口行きはボクじゃなくて親が決めた感じなんですけど。

——親と先生で話をつけたんですね。

太田　ボクはALSOKを辞めるまで、自分で物事を決断したことってあまりないんですよ。

――日体大進学やALSOK入社もですか？

太田　そうですね。「日体大に行きなさい」って言ったのは勝村先生ですし、ALSOKは大学の松本（慎吾）先生から「いいところを用意したから」って言っていただけたからで。でも、そのルートがいちばんよかったんですよ。当時はオリンピックを目指すならALSOKがいちばん条件とか環境がよかったので。ボクはそういう敷かれたレールの上をスーッと通ってきた人生です。

――じゃあ、自らの意志で進路を決めたのは今回が初ですか。

太田　そうですね。「これからは自分がやりたいことをやる」っていう。もともと性格的にはなんでも「まあ、いっか」って感じなんですよ。いまでもそうなんですけど、あまり怒ったこととかもなくて。指導とかで怒らなきゃいけないときは怒りますけど。

――それはあえて怒ってみせるってことですよね。

太田　そうです。普段は「べつにまあ、いいや」って感じなんですよ。与えられたところでやるっていう感じなので。

――その敷かれたレールの上は快調に走ってこられました？

太田　でも、全日本で初めて優勝できたのは大学4年のときで、それまでずっと2番だったんですよ。自分的にはそんなに思った通りにいかなかったというか、「もうちょっとうまくやればもっと早く勝てたんじゃね？」っていう。でも大事なところではちゃんと獲れたので、持ってるのかなって。リオデジャネイロオリンピックの前年の12月に優勝して、アジア予選で枠を獲って、オリンピックで銀メダルを獲ったこともそうですし、去年の世界選手権を獲ったのもそうなんですけど。

――でも、世界を獲るって、それなりのことをやられてこられたからですよね。

太田　最初に全日本で優勝したときの前は、松本先生や松本隆太郎コーチが協力してくれて、めちゃくちゃ追い込んだ練習をやっていただいたわけですよ。それでアジア予選で枠を獲ってからもエゲツないくらい練習をさせてくれたんです。だからまわりに恵まれていたというか、「こうやってやりなさい」って言われたことをただやっていただけで、そうしたら強くなっていたんですよ。自分では本当に何もしていないんですよ。

「ボクは人気者になりたいんですよ。有名人になりたい。そうしたらいろんなプラスがあるじゃないですか」

――それが太田さん自身の本音というか、実感ですか。

太田　自分で「がんばろう」と思ってやったというより、「やれ！」って言われたからやっただけですね。そして「試合に負けるな！」って言われたから負けなかっただけで。マジで自分でやった記憶があんまりないんですよ（笑）。

――それは謙遜すぎるでしょう（笑）。

太田　いやいや、思い返してみれば本当にそうで。練習はキツかったですけど、ボクからすると「このメニューをやれ」って言われて「無理」って言う意味がわかんないんですよ。「やれって言われたら、やらなあかんやん」っていう。無理だったら途中で妥協するヤツっているじゃないですか？　あれは意味がわかんないんですよね。いや、こっちだってエグいんですよ。練習中は心拍数とかガンガン上がるし、ずっと吐きそうだし、しかも汗をかきすぎて視界が真っ白になってるし、本当に自分がいま何をやってるのかもわからなくなるんですけど、それでも「やれって言われたら、やらなあかんやん」と思ってやっていたんですよ。そうしたらなんか「なんか相手、あんま強くねえな」って思うようになっちゃって（笑）。

――目標達成のためのメニューをこなしたところ、目標以上の強さを手にしていたと（笑）。

太田　たぶん、必要のないメニューもけっこうやってたんじゃないかなって（笑）。

――でも、それで試合がラクだったっていうのは結果オーライですよね。

太田　そうなんですよね。練習のために寝て、練習のためにメシを食っての繰り返しを1年間くらいずっとやってたので。まわりを見たら普通に休んでるヤツもいるんですよ。でも、やっぱ休んでるヤツは結果が出ていないんですよ。オリンピックに出ている人とかでも、全然練習しないヤツもいたし。

――オリンピック代表なのに結果が出せていないって、やっぱり太田さんの話はちょっと次元が違う……。

太田　しかも「なんで俺だけこんなメニューなんだ？」っていうのだったんですよ。なんかやってることがほかの人と違うんですよ（笑）。だけど「太田は大丈夫だろ」みたいなノリで。こっちだって腰も痛いし、というか全身が痛いのに、「アイツならいける」みたいなノリでいつもやらされるんで。

――そういう人っていますよね（笑）。

太田　ケガをして、いくら「痛えー！」って言っても誰も心配しないんですよ。「また、なんかやってるよ」みたいな感じで。

――「痛がりなわけじゃねえよ！」って（笑）。

太田　みんな「大丈夫じゃねえの？」って。そんな感じでやっていたら強くなっちゃったっていう（笑）。

――MMAにはいつ頃から興味があったんですか？

太田　まず親父がPRIDEとか、あとはK－1とかを観てたんですよね。それでボクも一緒に観たりしていたんですけど、その頃はべつに興味がなくて、途中で寝てたりしたんですよね。

すけど。

——お父さんが格闘技好き。

太田　親父が好きで、ミルコ・クロコップとかヴァンダレイ・シウバとか、バチバチにやっていたときの桜庭（和志）さんとか藤田（和之）さんもいた時代ですよね。そのときにちょこっと一緒に観たりしていた感じですけど、それでオリンピックが終わったあと、2016年の年末に登坂絵莉とボクでRIZINのさいたまのリングに上がらせてもらって、テレビの解説とかをしたじゃないですか。

——ありましたね。

太田　村田夏南子の試合に絵莉がゲスト解説をやって、ボクはミルコの試合のときにやって。そのときに生で観たら「MMAっておもしろいな」と思って。そうしたら、そのうちボクと近い階級のバンタム級が盛り上がってきたし。やっぱり、それまではほかの競技なんて気にしてる場合じゃなかったから。

——まあ、そうですよね。

太田　だから、やっぱり生で観るようになってからですかね。

——じゃあ、太田さん。MMAをやりましょうか（笑）。

太田　どうかなあ（笑）。言ったら、ボクは人気者になりたいんですよ。有名人になりたいんで。そうしたらいろんなプラスがあるじゃないですか。どんなビジネスをするにしても、「あっ、あの人ですね！」ってなるし、YouTubeとかも伸びるでしょうし。知名度が上がるイコール、いろんな幅が広がるわけですよね。

——しかも、現在進行形のバリバリのレスリング世界チャンピオンですよ。

太田　まあ、組んだら負けないと思いますし、実際には打撃もまあまあ見えるようになってきたような気が……（笑）。

「ボクと同じことを20年やっていたら誰でも世界チャンピオンになれるんですよ。ボクはべつに天才じゃない」

——急に口を滑らせ始めていただき、ありがとうございます。ちょっとした遊び感覚で練習をやっているわけではなさそうですよね（笑）。

太田　練習ではパウンドを打てないけど、普通にテイクダウンしてパウンドを打ったらパウンドアウトじゃんっていうようなスパーリングは少ししています。

——そうなんですね！

太田　ただ、とにかくボクには打撃のセンスはないと思います。

——えっ、そうですか？　ありそうですけどね。

太田　「パンチが重い」とか「フックが強い」とかって言われますけど、蹴りとかやると自分のパワーで足を壊しちゃうんですよ。

――要するに下手ってことですよね。

太田　下手なんですよ。こっちが治ったと思ったらこっちだし、こっちが治ったと思ったらこっちだしって。「センスねえな」って。

――ボクは勝手に、レスラーだけどハードパンチャーっていうKIDタイプだと踏んでいたんですけどね。

太田　KIDさんって身体能力が高いじゃないですか。ボクはそんなに身体能力が高くないんで。

――めちゃくちゃ高いじゃないですか！　〝世界が恐れる忍者レスラー〟ですよ？

太田　いや、それは違いますよ。レスリングを20年やっているじゃないですか？　同じことを20年やっていたら誰でも世界チャンピオンになれるんですよ。

――なれないですよ。

太田　いや、なれます。たとえば、このペットボトルに入っている水を早く飲み続ける練習を20年、毎日何回もやっていたら、世界一早く飲めるようになるかもしれないって思わないですか？

――ああ、それはなりそうですね。

太田　そういうことなんです、ボクが世界チャンピオンになったのは。簡単なことなんですよ。

――世界チャンピオンになるためのことを毎日やってきたからだと。

太田　だから、べつに凄いことじゃないっス。

――「太田忍と同じ20年を過ごしたら、誰でも世界チャンピオンになれる」ってことですね。

太田　できるかわかんないですけどね。

――だから、かならずそうなるじゃないですか（笑）。

太田　できるかわからないですけど、できないわけではないと。たまにボクも「天才」って言われますけど、ボクはべつに天才じゃないですよ。言われたことをすぐにできないし、できないから時間がかかるので練習をいっぱいするんですけど、あまり身体能力は高くないです。

――量をやることでプログラミングしていくというか。

太田　そうですね。ちょっと燃費が悪いですね。

――それこそ、水を早飲みできるようなるまで飲むっていう。

太田　そうしたら食道がめちゃくちゃ太くなるじゃないですか。あとは試合とかでも、めちゃくちゃ戦術を立てるんですよ。みんなは「アイツは身体能力が高いから反応でやってる」とかって言いますけど、試合前にきっちり作戦を立てて、それができるように練習するんですよ。それができなかったら違う作戦を立てるし。いくら作戦を立てても自分の身体が動かなかったら意味がないので、ボクは自分の身体が動くような作戦を立てるんですよね。それは20年もやってるので自分の身体がどう動くかっていうのもわかるし、相手がどういう展開で来るのかっていうのもわかるからできることなんですけど。

――そのやり方はレスリング以外でも、たとえばMMAをやるってなった場合でも実行しますか？

太田　じつはレスリングって「ここを押さえておけば大丈夫」っていうところもあるんですよ。「ここをコントロールさえしておけば点数は獲られない」っていう。でも打撃って一発があるじゃないですか。べつに強いパンチじゃなくても、アゴとかテンプルにポンと当たったら脳が揺れる。ボディや脚とかっていくらでも鍛えられるけど、脳を鍛える方法ってないんですよね。いっぱい殴られたら強くなるわけじゃないし。だから、ある程度は練習でなんとかなるだろうけど、練習でなんとかならない部分もあるのが格闘技なんじゃないかなってボクは思っています。

――なるほど。

太田　でも「パンチが当たらないように見る」っていう練習はできるじゃないですか。動体視力をつける、あとはコンビネーションを覚えて「相手がこう来たらこうする」っていうことを徹底的にやるしかないですよね。もしもMMAをやるならばの話ですよ？

太田忍（おおた・しのぶ）
1993年12月28日生まれ、青森県三戸郡五戸町出身。幼少期よりレスリングを始め、高校時の2011年に山口国体・少年男子グレコローマン55kg級で優勝。高校卒業後、日本体育大学に進学して3年時にハンガリー・グランプリで国際大会初優勝、4年時には天皇杯初優勝を果たす。2016年4月、綜合警備保障（ALSOK）に入社。同年8月のリオデジャネイロオリンピックに出場し、レスリング男子グレコローマンスタイル59kg級で銀メダルを獲得。その素早い身のこなしから海外では「忍者レスラー」と呼ばれるようになる。2018年アジア大会60kg級優勝、2019年ヌルスルタン世界選手権優勝、全日本選抜選手権60kg級準優勝（決勝で文田健一郎に1-4で敗れる）。2020年9月30日付で綜合警備保障を退社し、現在その去就が注目されている。

バッファロー吾郎Aの
きむコロ列伝!!
Buffalo GoroA

第107回 妄想オールナイトニッポン2

バッファロー吾郎A

バッファロー吾郎A/本名・木村明浩（きむら・あきひろ）1970年11月24日生まれ/お笑いコンビ『バッファロー吾郎』のツッコミ担当/2008年『キング・オブ・コント』優勝

コロナによる無観客大会や、客席の間隔を広げてかつ「声援NG」のプロレス&格闘技の興行をCSやPPVなどで観てきたが、やはり拍手だけではモノ足りず、声援があったほうがより盛り上がると思う反面、『RIZIN24』での金太郎vs瀧澤謙太のような好勝負は、声援がなくてもリングの熱気が画面を通してでも伝わってきたのが非常に興味深かった（3Rくらいから観客が我慢しきれず思わず発してしまう声が聞こえてきたときは感動すら覚えた）。

今回紹介するのは、声援とはまったく関係ない『妄想オールナイトニッポン』の第2弾。いろんな有名人のいろんなオールナイトニッポンのオープニングトークを妄想して楽しんでいただきたい。

きのう散歩をしていたら、暴走トラックが私に突っ込んできたんですが、偶然持っていたフジパン本仕込がクッションになって奇跡的に無傷でした。

松下由樹のオールナイトニッポン！

とても嬉しいことがあったので、年甲斐もなくヤッター！って思いきりジャンプしたら、ズボンのポケットの小銭が全部飛び散りました。237円でした。

前田美波里のオールナイトニッポン！

部屋の掃除をしていたら、お仏壇と壁の隙間からビンゴカードが出てきました。ダブルリーチでした。

川上麻衣子のオールナイトニッポン！

「普段でも気合いを入れるときは〝ファイト一発!〟って叫ぶんですか？」とよく聞かれるんですが、ボクがいちばん気合いの入るかけ声は「センチュリー21！」です。

ケイン・コスギのオールナイトニッポン！

雑誌のインタビューで「ドラえもんに出てくる秘密道具でいちばんほしい道具は？」と聞かれたので、『独裁者スイッチ』と答えたら一瞬変な空気になりました。

川島海荷のオールナイトニッポン！

偶然観たドキュメンタリー番組に感動していると新曲のアイデアが浮かんできたんですが、その番組は青汁のCMでした。

山下達郎のオールナイトニッポン！

先日、お店でパンケーキとダージリンティーのセットを注文したあとに「やっぱりダージリンティーの気分じゃないな」と思い、お店の方に無理を言ってダージリンティーを五目チャーハンに変えてもらいました。

小雪のオールナイトニッポン！

こないだ病院で問診票を書くときにあえて左手で書いてみたんですけど、案の定失敗しました（笑）。

石川さゆりのオールナイトニッポン！

漫画『キン肉マン』の中で私のベストバウトはミキサー大帝vsミート君です。

大塚寧々のオールナイトニッポン！

きのう餃子を食べたあとにゲップをしたら、なぜかSiriが作動して次の日の予定を教えてくれました。

大鶴義丹のオールナイトニッポン！

ヒマだったので電子レンジを分解してみたんですが、もとに戻せなくなったので処分しました。

松居直美のオールナイトニッポン！

雨上がりの午後にスカイツリーに登って景色を眺めてみると、なんと刑務所から虹が出ていました。

アンジェラ・アキのオールナイトニッポン！

ダンボールに荷物を詰めて実家に送ろうとしたんですが、梱包するためのガムテープが見つからなかったので仕方なく山崎パンのシールでなんとか凌ぎました。

松たか子のオールナイトニッポン！

義理の母から送られてくるメールがすべて迷惑メールのフォルダに入っていたことに、今朝初めて気づきました。

上野樹里のオールナイトニッポン！

晩ごはんに大根の煮物が食べたくなったのですが、家の冷蔵庫を開けるとやらしい形をした大根しかなかったので、そっと扉を閉めました。

もたいまさこのオールナイトニッポン！

私、一度も好きと言ったことがないんですが、なぜかたくさんのファンの方からハイパーヨーヨーをいただきます。

岩崎宏美のオールナイトニッポン！

YouTubeチャンネルを立ち上げようと新曲や未発表曲、過去の曲の思い出話など100本近く撮影してアップしたんですが、すべてに乳首が映っていて全部ボツになりました。

南こうせつのオールナイトニッポン！

告知です。いろんな芸人にお笑いのことを真面目に聞く『〇〇に聞く』というリモートライブを限定有料配信でやってます。

プロレスがわかれば世の中が、
そして世界が見えてくる。

斎藤文彦×プチ鹿島

プロレス社会学のススメ

活字と映像の隙間から考察する

撮影：タイコウクニヨシ　司会・構成：堀江ガンツ　写真：平工幸雄

第7回

〝ウォリアーズ世代〟はイチから自己プロデュースができた時代の最後のスーパースターたち

80年代～90年代に大活躍した伝説的タッグチーム〝ザ・ロード・ウォリアーズ〟のアニマル・ウォリアーが亡くなったことが、9月22日にツイッターの公式アカウントから発表された。死因は明らかにされていない。享年60。

1983年にアメリカマットでデビューしたウォリアーズ（ホーク・ウォリアー&アニマル・ウォリアー）は、そのバイオレンスムード満点のルックスと暴走スタイルで世界中のプロレスファンを魅了。日本には1985年3月8日に全日本プロレスに待望の初来日。日本のファンにも広く支持を得ていた。

2003年10月19日にホークが死去したことで事実上の解散となっていたが、2011年3月、初代マネージャーのポール・エラリングとともにザ・ロード・ウォリアーズ（リージョン・オブ・ドゥーム）としてWWE殿堂入りを果たしており、多くのプロレスファンの間で愛され続けている。

「ウォリアーズは初来日前から人気が爆発していたという新しい形の登場の仕方と、それまでのレスラーの匂いがしない新しさがあった」（鹿島）

――9月にアニマル・ウォリアーが亡くなってしまいましたね。

斎藤　はい。アニマルはキンバリー夫人との結婚10周年の旅行中、ホテルで急死。60歳の誕生日から10日後。相棒のホークはいまから17年前の03年、新居に引っ越しをした日、荷物をほどきつつ「2時間だけ昼寝す

る」といってそのままベッドで眠ったまま逝ってしまった。46歳。ふたりとも最期は奥さんと一緒でした。

——今回はその追悼の意味も込めて、「ロード・ウォリアーズと80年代」というテーマで語っていけたらと思うんですよ。

斎藤　ロード・ウォリアーズはまさに80年代を象徴するタッグチームでした。彼らを少年時代に観て憧れた〝ウォリアーズ世代〟という観客層が確実に存在すると思います。

鹿島　ボクやガンツさん、そして『KAMINOGE』読者の多くもウォリアーズ直撃世代ですよ。

——子どもの頃、いちばん生で観たかった外国人レスラーはウォリアーズとハルク・ホーガンでしたから。でもホーガンは途中から日本に来なくなってしまったので、ウォリアーズこそが日本で観ることができる、もっともプレミア感あるレスラーでしたね。

斎藤　ホーガンは80年代前半、あの第1回IWGP優勝をはじめ、新日本のリングで大活躍しましたけど、レッスルマニアが始まった1985年を最後に、ピタリと日本に来なくなりましたからね。

鹿島　日本のファンにとっては、ホーガンと入れ替わるようにウォリアーズが登場してくれたわけですよね。

斎藤　80年代前半までは、アメリカの各テリトリーで活躍しているスーパースターたちが年に一度か二度はシリーズ興行に特別参加で来日するシステムがありましたけど、WWEが全米進出を始めた1984年体制からは、WWEと長期専属契約を交わした選手が全員来なくなったんですよね。アンドレ・ザ・ジャイアントさえも。

鹿島　新日本の常連外国人がみんな来なくなって。

斎藤　だから80年代半ば以降、日本で活躍する外国人レスラーは、プロ野球チームの外国人〝助っ人〟みたいな形で、年間を通して日本を主戦場とする選手が増えていくんです。

鹿島　そしてその先駆けがスタン・ハンセン。

斎藤　それが、ハンセンもじつは1984年にWWEが専属契約を交わそうとした第1グループにリストアップされていたんですよ。

鹿島　そうだったんですか！

斎藤　でもハンセンは全日本のリングを選択した。そしてブルーザー・ブロディもWWEから誘われていたけど、新日本を選んだんです。

鹿島　ハンセンとブロディが日本を選んでくれたのは、本当に大きかったんですね。

——ウォリアーズは、1990年にWWEと専属契約を交わすまでは、全米の超売れっ子でありながら年に2〜3回のペース、特別参加とかで来日していた。だから、たとえ1週間とか短期間の参戦でも〝俺たちのウォリアーズ〟っていう感覚がありますよね。

斎藤　WWEという〝遠く〟へ行ってしまった人たちとは違う親近感がありましたね。

鹿島　また、ウォリアーズは初来日前から人気が爆発していたという、新しい形の登場の仕方でしたよね。それまで、〝まだ見ぬ強豪〟というのは、プロレス雑誌のグラビアでしか知ることができませんでしたけど、ウォリアーズは『フレッシュジャンプ』で連載していた、みのもけんじ先生の漫画『プロレス・スターウォーズ』でまず幻想が高まり、テレビ東京系『世界のプロレス』で動く姿を見て、また驚くという。

――来日前からテレ東の月曜夜8時、ゴールデンタイムの主役ですからね（笑）。

斎藤　『世界のプロレス』の功績は大きかったと思います。ウォリアーズ初期のプロフィールとして「シカゴのスラム街育ちでネズミを食って育った」っていうのがあるじゃないですか。それを受けて、ホークとアニマルのふたりがペイント姿で実際にシカゴのスラム街を歩いた映像は、『世界のプロレス』が現地ロケーションを敢行してオリジナルで撮ったんです。

鹿島　そうだったんですか！　偉大な番組だなあ（笑）。

斎藤　ロード・ウォリアーズが日本のテレビ番組に協力的だったっていうのもあったんですけどね。

鹿島　あの映像ではタバスコとか飲んでましたよね。よく考えると、タバスコを飲むことが強さとなんの関係があるんだろう、とも思いますけど（笑）。

斎藤　ネズミを食べるなんていう、あんなでまかせみたいなストーリーも、実際にあの映像があったからこそイマジネーションが膨らんじゃった感じがありましたよね。

鹿島　でも、「コイツらだったら本当にそうなのかも……」って思わせる説得力がありましたよ。また、キャリアが浅くて若いというのもリアルだったわけじゃないですか。それまでのレスラーの匂いがしない新しさがあった。だからプロレス専門誌とか読んでいないクラスの友達も「ロード・ウォリアーズってすげえな！」って言ってたり。

――子ども向けの雑誌にもたくさん出てましたからね。『フレッシュジャンプ』は漫画雑誌ですけど、カラーグラビアがウォリアーズで、ピンナップにもなったりして。

斎藤　少年誌のピンナップにもなりうるスーパースターでしたね。

――とにかくビジュアルがいいですからね。

斎藤　ロックバンド的なね。

――だからロード・ウォリアーズのストーリーって、ロックバンドのスーパースターが生まれるときと凄く似てますよね。

鹿島　そうか。そういう考え方のほうがわかりやすいですね。

「ビル・ワットがホークに『キミはちょっと顔がやさしすぎるから、目の下に黒いラインを描いてみな』とアドバイスしたんです」（斎藤）

――1985年3月の初来日のときなんか、まさに「ロード・ウォリアーズがやって来るヤァ！ヤァ！ヤァ！」っていう感じのフィーバーぶりでしたよ（笑）。

斎藤　日本に到着してすぐ、成田空港のVIPルームでテレビや一般誌も集めて記者会見をやりましたからね。ゲートを出てくる前に、ちゃんとトイレでペイントしてから出てきて（笑）。

――ジーパンに「THE GYM」のタンクトップ、そしてペイントっていうのがよかったんですよ（笑）。

斎藤　本当に新しいスターって感じでしたよね。『世界のプロレス』に出た時点で、ウォリアーズとしてのデビューからまだ1年と、若かったんですよ。アニマルが24歳、ホークが27歳でしたから。

鹿島　その若さ、キャリアで、すぐにトップになったわけですもんね。

斎藤　厳密にいうと、ホークもアニマルもエディ・シャーキー道場で練習したあと、それぞれ最初はカナダのバンクーバーとノースカロライナに送り込まれたんだけど、食えなくて一度ミネソタに帰ってきてるんです。

鹿島　〝ピン〟では売れない時代があったんですね。

斎藤　だからアニマルは、もしロード・ウォリアーズ計画がなかったら、フットボールの奨学金をもらって大学に入ろうとしていたんです。

鹿島　ネズミを食うどころか大学に行こうとしてたっていう（笑）。

斎藤　アメリカ人って、高校卒業からすぐではなく、何年かしてから大学に入る人ってけっこう多いんですよ。それでとりあえずミネソタに戻って、ジムでウェイトトレーニングをしながら『グランマ・ビーズ』というバーでバウンサーの仕事をする生活に戻っていた。

――そのバーには、もともと〝プロレスラーの卵〟がたくさんいたんですよね？

斎藤　「ウォリアーズ世代」と呼んでいい、のちのトップレスラーたちがたくさんいました。まずアニマルとホークのふたりと仲がよかったリック・ルード。それからバリー・ダーソウ。

――のちのクラッシャー・クルスチェフですね。

斎藤　WWEではデモリッション・スマッシュに変身して、それからリーポマンに再変身した。あとプライベートでアニマルと親友だったのがニキタ・コロフですね。ザ・バーザーカーことジョン・ノード、いじめられっ子的なポジションだったトム・ジンク。女子だとメドゥーサ。ファイヤーキャットことブレディ・ブーン。ホークとハイスクールの同級生だったスコット・ノートンも忘れてはいけません。それから彼らよりちょっと歳下だったウォーロード、マイク・イーノスとか、本当にいっぱいいたんです。

鹿島　ウォリアーズ前の話って凄く興味深いですね。

――そして、そこのバーでバーテンをやっていたのが、エディ・シャーキーなんですよね？

斎藤　彼は非合法ギリギリのヤバイ仕事をいっぱいやっていたんです。そして身体の大きい若者を見ると「兄ちゃん、プロレスをやってみないか？」って誘うのが好きな人だったんです。

――丹下段平みたいな人だったんですね（笑）。

鹿島　日本にはお笑い学校っていうのがありますけど、その同期にも似てますね。で、お笑いだと売れたコンビでも最初は別の相棒と組んでいたとかあるじゃないですか。ウォリアーズの場合はどうだったんですか？

斎藤　エディ・シャーキーとしては最初のプランでは、ホークとリック・ルードを組ませたかったみたいなんですよ。

鹿島　やっぱり、幻の相方がいたんですね（笑）。お互いに売れたからいいけど、いま思うと違和感がある。

斎藤　ホークとルードは同じアパートでルームシェアするほど仲がよくて、ふたりともタッグを組む気になっていたんです。

――体格も似てるから、タッグチームっぽくはありますもんね。

斎藤　そうなんです。ちょっと細身のボディビルダーって感じですね。だけどジョージアのブッカーだったオレイ・アンダーソンがミネアポリスに来て、ホークとアニマルを呼んで「ユーとユー、ふたりでコンビを組め」って言って、ロード・ウォリアーズが生まれるんです。

鹿島　そういう目利きの人の存在って重要ですよね。

斎藤　ブッカーというプロの目からすると、「このふたりで決まってんじゃん!」って感じだったんでしょうね。ロード・ウォリアーズはアトランタのスタジオ・マッチでのデビュー戦の映像が残っているんです。ペイントはまだしていなくて、革のハンチング帽、革の黒ベストのバイカーギミックだったんです。

鹿島　あれは映画『マッド・マックス』がモチーフなんですかね?

斎藤　はい。原題がそのまま『ザ・ロード・ウォリアー』という『マッド・マックス2』がモチーフです。

——いま見ると、まるっきりレイザーラモンHGのスタイルなんですよね（笑）。

鹿島　早すぎたHG（笑）。

斎藤　まあ、流行りの映画でしたからね。

鹿島　みのもけんじ先生は、その初期ウォリーズの宣材写真を見て「コイツらは売れる!」と思って、主役に抜擢したらしいんですよね。

——BI砲の対抗馬になる最強の敵が、ハンセン&ブロディじゃ当たり前すぎるから、未知の強豪をラスボス的に出したという。

鹿島　編集者は心配したらしいんですよ。「そんな無名のレスラーをBI砲に当ててもいいんですか?」って。でも、その後『世界のプロレス』でも放送されて人気が出て辻褄が合ったという。みのもけんじ先生=オレイ・アンダーソン説ですよ（笑）。

斎藤　あのペイントもホーク&アニマルのアイデアじゃないんですよ。ルイジアナのプロモーターだったビル・ワットが、アトランタに選手を見に来たときに、ホークに「キミはちょっと顔がやさしすぎるから、目の下に黒いラインを描いてみな」とアドバイスした。だから最初の頃はいまのEVILみたいなペイントだったんです。

「キャリアの浅い若いふたりがデビュー後すぐに連戦連勝になったのは、ポール・エラリングの力が大きかったわけですね」
（鹿島）

鹿島　なるほど。そのとき、すでにアメリカにカブキさんは登場していたんですか?

斎藤　いましたね。当時、ペイントしていたレスラーはカブキさんとジャイアント・キマラくらいだったと思います。

——カブキさんがいなかったら、ウォリアーズが生まれていなかったかもしれないんですね（笑）。

斎藤　まあ、ウォーペイントっていう顔に絵の具を塗るネイティブアメリカンの文化的な風習があって、それでビル・ワットの助言もあって、目の下を黒くメイクすることから始まったんですね。でも、それだけじゃロード・ウォリアーズは完成しないんですよ。まだ若手だったアニマルとホークが活躍するためには、同じミネソタの先輩であるポール・エラリングの存在が不可欠だったんです。

——ポール・エラリングは、本当の意味でウォリアーズの〝司令塔〟だったんですよね?

斎藤　そうです。ポール・エラリングはもともとスーパースター・ビリー・グラハムのコピーのようなマッチョ系レスラーだったんですけど、内臓を壊して、いわば志半ばで試合ができない身体になってしまったんですよ。

鹿島　そういう自分の想いをホークとアニマルに託したわけですか。

斎藤　それでポールは、ホークとアニマルがコンビを組み始めたとき、「俺がハンドリングする」と名乗りをあげて、3人は本当の運命共同体になるんですね。そのとき、ポールがウォリアーズのふたりに言ったのは「プロレスというビジネスは、負けてちゃダメなんだ。勝たなきゃダメなんだ」ということなんです。それが彼らのプロレスの目覚めでもあったと思うんです。

——プロレスこそ、じつは勝敗が大事なんだと。

斎藤　いまの時代は、かつてよりはるかにプロレスの成り立ちに関してオープンに論じられるようになっているので、そこはわりときっちりと分析することができます。プロレスはエンターテインメントであり、勝ち負けのところが演出されているものだとすると、プロレスを知らない人たちは「いかようにもプロデュースできるんでしょ。シナリオがあるんでしょ」と思ってしまいがちですけど、それはまったく違うんです。演出されているのであれば、むしろ勝たなきゃいけないんです。そしてポール・エラリングは観客の前ではキャスティング上のマネージャーも演じていたけど、業務上の本物のマネージャーでもあったんです。それでホーク&アニマルと組んでからは各団体、プロモーターとの交渉から、航空券やホテルの予約にいたるまで、すべてポールがやるようになったんです。

——ウォリアーズのすべてを取り仕切っていたと。

鹿島　そしてキャリアが浅く、プロレスの力学のようなものをまだそんなに理解していなかった若いふたりが、デビュー後すぐに連戦連勝になったのは、ポール・エラリングの力が大きかったわけですね。

斎藤　もちろん、ふたりのあの体格、あのキャラクターがあってのことですけどね。ホークとアニマルは、ポールに言われたとおり、秒殺で勝ち続けて、舞台裏ではポールがプロモーターやブッカーとしっかり交渉することで、それが可能になっていった。ウォリアーズが連戦連勝で人気が出て、お客が入るようになれば、プロモーターにとっても万々歳なわけですしね。

鹿島　ロード・ウォリアーズが連戦連勝で人

——ポール・エラリングが単なるリング上のマネージャー役じゃなくて、ビートルズにおけるブライアン・エプスタイン的なすべての仕掛け人だったというのは、いい話ですね。

斎藤　まさにそういう存在だったんです。ボクも最初はポールが単なるマネージャー役なのか、本当のマネージャーなのかわからなかったんですけど、あの3人の行動をよく観察して、馬場さんの話を聞いてわかったんです。ロード・ウォリアーズが全日本に来たとき、ホークとアニマルとポールのギャラが同額だったんです。

——凄い！　まさに〝3人目のウォリアーズ〟(笑)。

斎藤　おもしろいでしょ？　馬場さんは「なぜマネージャーに同額を払わなきゃいけないのか」って思ったらしいんですけど、ポール・エラリングなしでは暴走戦士のプロレスは成り立たなかったんです。

——3年前にインタビューしたとき、アニマルも言ってましたね。「すべてをコントロールしていたのはポール・エラリングで、ロード・ウォリアーズっていうのは『ポール・エラリング率いるロード・ウォリアーズ』だったんだ」と。

鹿島　ポール・エラリングとロード・ウォリアーズ、ムード歌謡みたいな（笑）。

——内山田洋とクールファイブ的な（笑）。

斎藤　ウォリアーズとして全米ツアーを始めた時点で彼らはキャリア2年足らずの若手だったわけでしょ。「こういうときはどうなの？」って、ことあるごとにポールにアドバイスを求めていたんです。それでポールが「あっ、それはやらなくてもいいぞ」とか「じゃあ、俺が言ってやるから」とか、明確に指示を出していた。ポール・エラリングは本物のキーパーソンなんですよ。

——試合のやり方も全部、紙に図を描いて説明してくれたらしいです。リングの四角を描いて、「ホークがこう動いたら、アニマルはこっちに走れ」とか。そうしたらアメフトのフォーメーションを覚えるのと同じ感覚で理解できたって。

鹿島　なるほど！　ポール・エラリングはキレ者ですね。

斎藤　そしてひとつのプロモーションにとどまらず、いろんなところで試合をすることで、全米規模の人気になって、ギャラも跳ね上がっていったんですね。ウォリアーズは住んでいたのがミネアポリスだったから、一応AWAの選手でしたけど、ジェリー・ローラーのテネシーにも行くし、NWAフロリダにも行くし、あるときはペンサコーラ、南部ルイジアナ、そして全日本にも行くという。その舵取りは全部ポールがやっていた。

——でも、よくバーン・ガニアが手放しましたね。

斎藤　というより、AWAがロード・ウォリアーズのギャラを払いきれなくなっちゃったんですね。だから「もうどこの団体に出てもいい」となって。

——囲いきれなくなったと（笑）。

斎藤　AWAはいい団体だったんですけど、ちょっと時代遅れになりつつもあったんです。ロード・ウォリアーズの対戦相手がクラッシャー・リソワスキー&バロン・フォン・ラシクとかね。歳がいくつ上なんだよっていう（笑）。

鹿島　大御所すぎますよね（笑）。

斎藤　そのときのAWAって、主力グループがニック・ボックウィンクル、マッドドッグ・バション、クラッシャー・リソワスキー、バロン・フォン・ラシク、ビル・ロビンソン、ブラックジャック・ランザとか、超ベテランばっかりだったんですよ。

「ビンス・マクマホンも以前からウォリアーズがほしかったと思うんですけど、なかなか契約を交わせなかったのでデモリッションを作っちゃった」（斎藤）

——70年代の国際プロレスに来ていたメンバーですね（笑）。

鹿島　大御所だらけの演芸場に、お笑い第7世代が出ていたようなもんですね（笑）。

斎藤　だからAWAでは大物だったジェリー・ブラックウェルあたりは「アイツら、まだガキだろ」って思っていたらしい。だけど、ロード・ウォリアーズはどんどん人気者になっていくわけです。

鹿島　古い人たちが理解できない、まったく新しいヒーローだったわけですね。

斎藤　ウォリアーズは最初はヒールで出てきたのに、どんどん人気が出て、お客さんの反応は完全にベビーフェイスなんですよ。それをバーン・ガニアは理解できなかったんです。「なんでコイツらはブーイングされないんだ?」って。

鹿島　いろんな意味で持て余してたわけですね（笑）。

斎藤　当初、AWAではロード・ウォリアーズがヒールで、ベビーフェイスのライバルがスティーブ・カーン&スタン・レーンのファビュラス・ワンズだったんですけど、そっちがブーイングを食らっちゃって。

――ファビラス・ワンズは、裸に蝶ネクタイなんていうコスチュームの典型的なベビーフェイスなのに（笑）。

斎藤　そんな状況にAWA首脳部が首をかしげちゃって。

鹿島　暴力的な〝ワル〟が人気者になるって感覚が、わかってなかったんですね。

――だから、アンチヒーローの先駆けでもあるんですね。ストーンコールドが出てくる10年以上前で、内藤哲也のロスインゴの30年前ですから（笑）。

斎藤　ウォリアーズはヒール的なスタイルなのにもの凄く人気があったから、ベビーにするしかなくなったんです。それで、NWAクロケットプロに移籍してからは、ラシアンズがライバルになりましたけど、当時は冷戦構造がまだ残っていたから、ロシア人コンビっていうのはアメリカでは自動的にヒールになるじゃないですか。だからカード的にはちょうどよかったんだと思うんです。

鹿島　同じようなワルのタッグチームだけど、アメリカ対ソ連という構図で自動的にベビーとヒールが決まるわけですね。

――ラシアンズのふたりは、本当はロシア人どころか、ホークとアニマルのバウンサー時代の地元の仲間ですよね（笑）。

斎藤　偽ロシア人に変身したニキタ・コロフとクラッシャー・クルスチェフは、ウォリアーズの地元の仲間。NWAクロケットプロで「イワン・コロフの甥っ子を作る」ってなったとき、アニマルが友達のスコット・シンプソンを連れて来て、ニキタ・コロフに変身させたわけです。

鹿島　自分たちのライバルを作るのに、地元の友達を呼んできたと（笑）。

斎藤　ニキタ・コロフはプロレス的センスが素晴らしかったから、すぐトップになりましたね。また、当時のNWAクロケットプロには世界王者のリック・フレアーがいて、まだ若手だったスティングとか、マグナムTA、レックス・ルーガー、バリー・ウインダム、タッグ屋のタリー・ブランチャード&アーン・アンダーソン、ロックンロール・エキスプレス（リッキー・モートン&ロバート・ギブソン）、ミッドナイト・エキスプレス（ボビー・イートン&デニス・コンドリー）らがいて、いちばんいい時代でもありましたね。WWEに対抗できる唯一の団体みたいな感じで。ダスティ・ローデスがプロデューサーで。

――90年代新日本における長州力だったわけですね。

斎藤　そしてウォリアーズは若くして番付はリック・フレアー、ダスティ・ローデスに次ぐポジションまで登り詰めるんですけど、そこにWWEからオファーが来ちゃうわけですよ。

鹿島　魔の手が伸びてきた（笑）。

斎藤　ビンス・マクマホンも以前からウォリアーズがほしかったと思うんですよ。でもなかなか契約内容というか条件に首を縦に振らないから、デモリッションを作っちゃった。

――ウォリアーズ〝みたいな〟チームを、お手盛りで出したわけですよね。

斎藤　デモリッションは、ウォリアーズのようなバッキバキの筋肉質ではないし、ピンと来ないところもありましたけど。ビンス・マクマホンからすればデモリッションを作ったので、一時は「もう、アイツらはいらねえや」って感じだったと思うんですよ。あとは権利上、すべてがWWEのものにならないことが気に入らないっていうのもあったと思います。ポール・エラリングの偉いところは、司法書士と弁護士に書類を申請してもらって、ロード・ウォリアーズの版権・知的所有権を取っていたんです。それによってグッズも自分たちの権利によって作れるし、NWAがウォリアーズのグッズを作ったときには、自分たちにロイヤリティが入るシステムを作って、ちゃんと管理していたんです。

鹿島　当時のプロレス界では画期的ですよね。

斎藤　でも、その版権を所有していた法的根拠があったからこそ、WWEと契約したときにロード・ウォリアーズではなくなって、リージョン・オブ・ドゥーム（LOD）になっちゃったんですよね。

鹿島　あれはちょっとザワザワしましたよね。

――ファンからすると、まったく認めたくない改名でした（笑）。

斎藤　ちょっと違和感ありましたよね。また、コスチュームの色合いも微妙に違ってたりして。WWEがデザインしたものは赤いリムが入っていて、黒プロテクターじゃなくて赤プロテクターだったりとか。

――SWSの東京ドームに出たときは、そのスタイルでしたよね。

斎藤　お金の面ではたぶん、WWEに行ってからのほうがよかったと思うんです。でも、それによって全日本プロレスとの関係が切れてしまったし、けっしてWWEという空間の居心地はよくなかったと思う。

「WWEがホークの性に合わなかったというのは、一匹狼だった江夏豊が管理野球の広岡西武に入った感じですかね（笑）」（鹿島）

――WWEでは、マッチメイク面での待遇もよくなかったですよね。

斎藤　WWEに行ってからの最初の定番カードは、LOD vs ナチュラル・ディザスターズですよ。ジョン・テンタとタイフーンという、自分たちよりふた回りもデカい相手。

鹿島　あー、そうだった。

斎藤　だからあれはわざと個性を殺されたか、意地悪をされたような気がします。普通、売り出すつもりなら、しょっぱなはよく見える相手を当てるでしょ？

――ジョン・テンタやタイフーンは、さすがにリフトアップできませんもんね（笑）。

斎藤　当たり負けしちゃうし、LODが強そうに見えない。

鹿島　獲っておいて飼い殺しにするというのは、ビンスの考えだったんですか？

斎藤　いろんな説があるんですけど、基本的にビンス・マクマホンは自分の会社のオリジナルのプロデュースではない選手については、あまり積極的に動かないんです。他団体から獲りはするんだけど、たとえばLODとアルティメット・ウォリアーのどっちがかわいいかって言えば、アルティメット・ウォリアーのほうがはるかに番付は上にしておくんですね。LODとデモリッションでも、なんとなくデモリッションのほうが格上のような感じのプロデュースだった。

――日本の感覚だと、デモリッションなんてはるかに下ですけどね。

斎藤　ウォーロードとバーバリアンっていうコンビもあったでしょ？

――あれなんか、完全にウォリアーズのコピーですよね。

斎藤　同じじゃんっていう。だからホークとアニマルがあまりよく見えないようにわざとやってるんじゃないかっていうことが、いっぱいあったんです。ボクもそういう違和感がずっとあった。

鹿島　そこは不思議ですよね。外様には冷たいとか。

斎藤　WWEって、どんな大物でもいじりたがるというか、キャラクターをWWE的に作り変えちゃうじゃないですか。だから、WWE在籍中はあまり幸せな時期じゃなかったんじゃないかなって。

鹿島　そうでしょうね。

斎藤　それでブレット・ハートvsブリティッシュ・ブルドッグ（デイビーボーイ・スミス）のインターコンチネンタル戦が、ロンドンのウェンブリー・スタジアムに7万人を集めた『サマースラム1992』の当日、ホークが「俺、帰る」って突然WWEを辞めちゃったんです。それでロンドンから自分で飛行機代を払ってミネソタに帰ってきちゃった。アニマルは「もうちょっと我慢してみようよ」って説得したんだけど、ホークは「俺はこのカンパニーが嫌だから。俺は帰る！」って。それが1回目の解散ですよね。

――それもまたロックバンドみたいですよね（笑）。

斎藤　仲は凄くいいと思うんですけど、ホークがもうWWEにいることに耐えられなかった。そうしてそれから数カ月後にマサ斎藤の誘いに応じて、新日本で佐々木健介とヘル・レイザーズを結成するわけですけどね。

鹿島　ホークはWWEみたいな大企業が性に合わなかったんですかね？

斎藤　それもあったと思います。WWEでは選手が凄く管理されていて、たとえば何時に会場に入り、何時に出たとか、行動がいちいちチェックされるんですよ。

鹿島　一匹狼だった江夏豊が現役の最後の頃、管理野球の広岡西武に入って誰も得をしなかったっていうことがありましたけど。そんな感じですかね（笑）。

斎藤　バックステージにホワイトボードがあって、「何時にミーティング」とか、そういう試合以外のノルマがたくさんあるんです。番組内のトークの部分なんかでも、ロウを観ていると生中継でしゃべってるように見えるけど、あれはあとでインサートするために、試合前の16時くらいの時点で撮ってあるんです。だから、そういった出番も含めて「何時にどこに集合」っていう拘束がいっぱいあって、それでホークが嫌になっちゃったと。

鹿島　その逆で来ていた人ですもんね。

——全日本や新日本時代も、「ホークは目を離すとすぐいなくなる」って言われてましたもんね（笑）。

斎藤　これは余談になるけど、そのWWE時代に仲良くなったのが、性格的に自由人のケリー・フォン・エリックだったんです。

——ケリーとウォリアーズは、80年代後半に若きスーパースターだった者同士ですよね。

鹿島　同じ境遇だから、わかり合えるものがあったんですかね。

斎藤　ロード・ウォリアーズがLODになったように、ケリーもケリー・フォン・エリックを名乗らずに、テキサス・トルネードに改名した。またケリーの場合、ダラスの〝鉄の爪王国〟という父親のマーケットもなくなってしまい、最終的には非業の最期を遂げるわけですけど。

「ホークもアニマルももの凄く才能があったけれど、ポールがいなければ開花するのにもうちょっと時間がかかっていたかもしれない」（斎藤）

——そう考えると、ロード・ウォリアーズって80年代にプロレスを変えた新しいタッグチームというイメージでしたけど、じつは古き良きテリトリー時代のアメリカンプロレス最後のスーパースターでもあったわけですよね。

斎藤　そうですね。ケリーもウォリアーズも地方分権のテリトリーがあった時代の最後のスーパースター。その地方分権のプロレスを壊滅させたWWEに行ったはいいけれど、そこには違和感しかなかった。

鹿島　80年代では新しいチームだったけど、90年代をまたぐと状況や立場が大きく変わったわけですよね。

斎藤　それまで若さと勢いで突っ走ってきたふたりが、90年代に入るとちょっとベテランのグループになってくるでしょ。それでも毎年〝3割バッター〟でいなければいけない。WWE時代のLODはけっこう負けてるんですよね。そうなるとロード・ウォリアーズの魅力が台無しなんですよ。ああいうチームって、負け始めたら価値が落ちてしまうから。

——それもまたロックバンドっぽいですよね。「デビューから3枚目のアルバムくらいまでは最高だったのに」みたいな（笑）。

斎藤　でもワールド・ツアーは続くし、アルバムは出し続けなきゃいけないと。おもしろいのは、80年代後半から90年代前半に少年時代を送ったアメリカのファンの多くはWWEしか観ていないから、あのWWEというパッケージの中でのLODとして、アニマルとホークのふたりを記憶しているわけですよ。

鹿島　あ〜、なるほど。「ロード・ウォリアーズ」ではなく「リージョン・オブ・ドゥーム」として憶えていると。

——ボクは去年、ニューヨークでのレッスルマニアウィークに行われていたファンイベント『レッスルコン』のサイン会に行ったんですよ。それぞれのブースでレスラーがサインや撮影会をしていて、アイアン・シークのところには大行列ができていたんですけど、隣のアニマル・ウォリアーのブースはけっこう閑散としていて、さびしい気持ちになったんですよね。

斎藤　おそらくターゲット層が違うんでしょうね。

——そうなんですよ。ブレット・ハートがいちばん人気で、90年代育ちくらいのファンが中心な感じでしたから。

斎藤文彦
1962年1月1日生まれ、東京都杉並区出身。プロレスライター、コラムニスト、大学講師。
アメリカミネソタ州オーガズバーグ大学教養学部卒、早稲田大学大学院スポーツ科学学術院スポーツ科学研究科修士課程修了、筑波大学大学院人間総合科学研究科体育科学専攻博士後期課程満期。プロレスラーの海外武者修行に憧れ17歳で渡米して1981年より取材活動をスタート。『週刊プロレス』では創刊時から執筆。近著に『プロレス入門』『プロレス入門II』(いずれもビジネス社)、『フミ・サイトーのアメリカン・プロレス講座』(電波社)、『昭和プロレス正史 上下巻』(イースト・プレス)などがある。

プチ鹿島
1970年5月23日生まれ、長野県千曲市出身。お笑い芸人、コラムニスト。
大阪芸術大学卒業後、芸人活動を開始。時事ネタと見立てを得意とする芸風で、新聞、雑誌などを多数寄稿する。TBSラジオ『東京ポッド許可局』『荒川強啓 デイ・キャッチ!』出演、テレビ朝日系『サンデーステーション』にレギュラー出演中。著書に『うそ社説』『うそ社説2』(いずれもボイジャー)、『教養としてのプロレス』(双葉文庫)、『芸人式新聞の読み方』(幻冬舎)、『プロレスを見れば世の中がわかる』(宝島社)などがある。本誌でも人気コラム『俺の人生にも、一度くらい幸せなコラムがあってもいい。』を連載中。

斎藤　アイアン・シークはネット社会になってから突然再ブレイクしたんです。ツイッターでブロークンイングリッシュのまま、毎日とんでもないツイートを連発して。

鹿島　それ、まるっきり、いまの長州さんそのままじゃないですか！（笑）。

斎藤　それによって昔を知っているファンだけじゃなく、いまの若い人にも変な人気が出た。それって最近の話なんですよ。

鹿島　日本もアメリカも80年代、90年代のスターは強いですね。

斎藤　アイアン・シークは、ホーガンがWWF世界ヘビー級チャンピオンになったときの原点の人じゃないですか。また、あの頃と見た目がほとんど変わらないんですよね。

——スキンヘッドに髭というわかりやすさもありますけど、変わらなすぎですよね（笑）。

鹿島　あと、アイアン・シークは映画にもなりましたよね。

斎藤　ネット社会になってもう一花咲かせた、アイアン・シーク現象を描いたドキュメンタリー映画が作られたんです。それぐらいの再ブレイクだったんです。ファンフェスでそのアイアン・シークの隣だったというのは、アニマルがちょっと気の毒でしたね。

鹿島　WWE時代、ポール・エラリングはどうしていたんですか？

斎藤　WWEはホークとアニマルとだけ契約して、「ポール・エラリングは来ちゃダメ」っていうスタンスだったんです。

鹿島　完全にコントロールするために、司令塔のポールを切り離したわけですね。

斎藤　でも、ホークがWWEを離脱する最後のウェンブリー・スタジアムの試合では、ポール・エラリングもハーレーにまたがって一緒に入場しているんです。それは、WWEがホークの引き止め交渉をしようとしたとき、ふたりが「ポールがいなければ、俺たちは交渉しない」と言うから、WWEはわざわざアメリカからロンドンまでポールを呼び寄せたんです。結果的にホークは離脱しましたけど、それぐらいポール・エラリングという人の存在は大きかったんです。

——そして最終的に、ロード・ウォリアーズはポール・エラリングと一緒にWWE殿堂入りしましたよね。

斎藤　だからポール・エラリングは、ボクらが思っている以上にロード・ウォリアーズブランドの完成に大きな役割を果たしていたんです。リングに上がって、プレイングマネージャーみたいな役もするけど、彼らの本当のビジネス・マネージャーでもあった。

鹿島　タッグチームを結成したとき、地元の先輩としてポール・エラリングがいなかったら、その後のウォリアーズはなかったわけですもんね。だから、いろんなタイミングが合致してスーパースターっていうのは生まれるんですね。

斎藤　もちろんホークもアニマルももの凄く才能があったけれど、ポールがいなければ開花するのにもうちょっと時間がかかっていたかもしれない。そして、WWEというビッグカンパニーがすべてをプロデュースするようになる前のイチから自己プロデュースができた時代の最後のスーパースターたちが、〝ウォリアーズ世代〟だったんだと思うんです。

鈴木みのるのふたり言

第88回

ケガ

構成・堀江ガンツ

鈴木　どうしたの？　足を引きずって歩いて。

——いや〜、ジムでキックボクシングのミット打ちをやってたら初めて肉離れを起こしてしまいまして。これでもだいぶ歩けるようになったんですけど。

鈴木　肉離れって、足がつるぐらいにしか思ってない人がいるけど、じつは全然違うからね。

——こんなに歩けないもんだとは思いませんでした。

鈴木　要は筋肉が切れちゃっているわけだから。それなのに「肉離れくらいで」とか、やったことがないヤツは言うわけよ。ガンツ自身もそう思ってたでしょ？（笑）。

——そうですね。「肉離れで欠場」とか聞くと、凄くたいしたことないケガで欠場するイメージでしたけど、こんな状態で試合なんか絶対にできませんよ（笑）。

鈴木　肉離れって、筋肉の弾力性がなくなると起こりやすいんだよ。ガンツもまあまあいいオッサンだから、筋肉自体に弾力がまずない。なおかつ普段はたいして運動もしていないだろうから、筋肉と筋肉の端っこを繋いでる腱がまず硬くなるでしょ。そうすると力の逃げ場がなくなって、柔らかいところがパチンといっちゃうんだよね。ちょっと、ケガしたところ蹴らせてよ（笑）。

——やめてください！（笑）。鈴木さんは肉離れを起こしたことあるんですか？

鈴木　最近はないけど、前にやったことはあるよ。筋トレして筋肉がパンパンに張ってる状態とか、いっぱい運動して凄く疲れてる状態、そういうときは筋肉があまり伸び

縮みしないので、肉離れを起こしたりしやすいんだよね。試合中にやったこともある。

——試合中はキツいですね。

鈴木　パンクラスの試合中、グラウンドで下の体勢からブリッジしようとしたら肉離れを起こして、足を引きずりながら控室に帰ったら、「そんなんで負けやがって」って言われたことがあるんで。

——誰との試合ですか？

鈴木　たしか、あれは（横浜）文体での試合だったかな。グローブを着けて外国人とやったんだよ。（横にいた梅木義則レフェリーに）梅木、憶えてない？　俺がスパーンとタックルに入ったんだけど、なんだかんだで上に乗られて、最後は脚が伸びたまま、なんか極められて終わった記憶があるんだけど。そのときは足がつったんだと思ったんだけど、じつは肉離れだったという。

梅木　（スマホで戦績を調べながら）文体でデニス・ケインに負けてるので、たぶんその試合だと思います。

鈴木　肩固めかなんかを極められたことになってるんだけど、じつは極められた箇所じゃなくて、肉離れが痛くてギブアップだったんだよ。

梅木　「腰の負傷によるギブアップ」って書いてありますね。

鈴木　あー、それは腰になってるけど、本当はふくらはぎの肉離れです（苦笑）。

——デニス・ケインって、のちのデニス・カーンですよね。PRIDEやDREAMの84キロ級のトップクラスで活躍する。

鈴木　その頃は全然勝てる相手だったのにな（笑）。まあ、負けたヤツが言うのもなんだけど、当時はそれほど強さは感じなかった。だから肉離れはそれくらい痛いってこと。

——ボクもそれをいま実感しております（笑）。

鈴木　その後、プロレスの試合で肉離れはないね。

——鈴木さんはパンクラス後期、ヘルニアで引退を考えるくらいボロボロの状態だったじゃないですか。それがプロレスに復帰してからはケガらしいケガがなく、しかもニーパットすらしていないのが凄いなと思うんですけど。

鈴木　だって、ニーパットなんかしたら動きづらいじゃん。

——でもベテラン選手はニーパットでガッチリ固めてる人がほとんどですよ。

鈴木　まあ、俺がニーパットを着けないのは17年前にプロレスに戻ってきたときの覚悟のうちのひとつで、昔、坂口（征二）さんに言われた言葉が頭に残っているのもある。新日の若手時代、ニーパットを着けたら「なんだおまえ、ケガしてるのか？」って聞かれて。「いいえ、してません。タックルでヒザをつくんで」って言ったら「そんなもんしやがって。タイツとシューズだけでやらなきゃレスラーじゃないぞ」って言われて。そのときは「うるせえな、このジジイ……」って思ったんだけど、プロレスに戻ったときにそれでいこうと思ってね。

——たしかに坂口さんもアントニオ猪木さんも引退するまでニーパットは着けませんでしたね。

鈴木　俺もそういう覚悟でプロレスに戻ってきたんで、レガースも着けないでね。「レガースなんか着けてるから前田（日明）はあんなに思いっきり蹴れるんだよ」って、坂口さんはいつも文句を言ってたもん。

——レガースで自分のスネが痛くないから蹴れるんだと（笑）。

鈴木　「あんなの着けないで鍛えりゃいいんだ」って言ってたから、俺はスネを鍛えてやってやろうと。いまの俺のスネ、まあまあ硬いよ。ちょっと、ふくらはぎ蹴らせてよ（笑）。

——マジでやめてください（笑）。

鈴木　俺にも昔見ていたレスラー像であるとか、若手のときにいたトップレスラーの影響がいまになって出てきてるのかなって。若いときは反発したけど、いまは当時のあの人たちの年齢すら超えてるんで。

——鈴木さんのリングシューズも独特ですよね。

鈴木　じつはあれ、レスリングシューズと同じ足首の長さなんで、あの長さがいちばん動きやすいんだよ。あと昔のマイク・タイソンの影響もある。

——たしかにタイソンも黒の短いシューズでした。

鈴木　俺はタイツもショートタイツひとつ。以前、105キロくらいまで増やしたこともあったから、腹が出てるときもあったけど、隠さずそれを履き続けてね。みんなベテランになると腹を隠すためにハイウエストになるわけよ。

——タイツがどんどん大きくなり、ヘソを隠すようになる（笑）。

鈴木　あと脚が細くなったのを隠すためにロングタイツになったりね。俺はそれをいっさいやめようと思って。身体ひとつで勝負しようっていう気持ちの表れだよね。こう見えてスクワットなんか20年以上やってないよ。「なのに、なんでそんなに脚が太いの？」っていつも言われるもん。

——ヒザに負担をかけないから、いいんですかね？

鈴木　というか、俺は基本的に中腰で動くトレーニングが多いから。ベテランになるとみんなヒザが曲がらないんだよ。キックボクシングでもレスリングでもそう。俺はいまだに低い姿勢でヒザも柔らかく動けるんで。

——低い姿勢って疲れますもんね。

鈴木　って思うでしょ？　でも俺は15歳からの長いレスリングキャリアの中で自然と身についたものだから、けっこうラクなんだよ。疲れないの。またヒザが柔らかいと、上体も柔らかく使うから、相手の技が当たった衝撃も逃してるんだよ。

——だからこそケガも少ないと。

鈴木　そうなんじゃないかと思うけどね。まあ、実際にはあちこち人並みには痛いところもあるけど、俺は力づくで持ち上げる技も使わないし、空中殺法とかやらなくても試合ができる。

——スープレックスや飛び技を使わないというのは、身体に負担をかけないために最初から考えてのものなんですか？

鈴木　最初はちょこちょこやってたんだよ。でも結局はすべてが見よう見まね。だったら、俺は誰にも避けられないタックルや関節の極め方を持ってるので、それで勝負しようと。若手時代、藤原さんに「おまえにしかできないものを持ってるのに、なんでまわりと同じことをやってるんだ？　そんなクソおもしろくねえプロレス」って言われたことがずっと頭に残ってるんだよね。だから俺にしかできないプロレスをやろうと。それによって、まわりから「おまえは間違ってる」ってよく言われたけど、それは当時まだ鈴木みのるという存在が小さかったからダメなこととして捉えられてたけど、存在が大きくなれば、それがひとつの個性として認められるんだよ。

——まさにそうですね。

鈴木　俺が使ってる技は30年間磨いてきたものなんで。いまや誰もがやるフォアアームというエルボーだけで世界中を回っていける。その俺の個性を世界のプロレスファンが認知してくれているから。

――みんな、あの生音がするエルボーが見たいわけですもんね。

鈴木　あんななんでもない技が、世界から求められるようになるんだよ。ドロップキックだって若手の基本中の基本の技だけど、俺が出すと凄い大技になるから。

――鈴木さんのドロップキックが出ると、凄く得した気分になれますからね（笑）。

鈴木　流れ星みたいに、急に出るからね。次から俺のドロップキックが出たら拝んでほしいよ（笑）。

――鈴木みのるのドロップキックのときに願い事を3回言うと叶うという、都市伝説を自ら発信して（笑）。あとケガの話でいうと、フリーだから試合を休めないという思いもありますか？

鈴木　これはプロレスだけの話じゃなくてさ。商売の取引先として、どんなにいい商品であっても、納期が遅れたり、たまに事故で届かなかったりした業者は敬遠されるはずだよ。だったら、多少クオリティを落としても、ちゃんと時間通り、定期的にくるほうがいいんだよ。

――商売でいえば、土日に売ろうとしていた商品が、週明けに届いても困るみたいな。

鈴木　そうそう。だから取引先であるプロレス団体に対してそういう心配をなくすために、自分のスタイルができあがった部分はある。コンディションはどうしても波があるし、ケガだっていつするかわからない。だから、たとえコンディションが悪くても、一定基準以上のものが見せられるようなスタイルにしている。もはや鈴木みのるは顔芸ですから（笑）。

――でも、それって凄く重要なことですよね。たとえコンディションが悪くても、表情ひとつで顧客満足度を落とさないっていう。

鈴木　だからコンディションがいいときはプラス要素が出ればいいっていう感じかな。普段からジャンプ力の凄さを売りにしていたら、脚をケガした時点でそれを見せられなくなるわけじゃん。だって、飛ばない（ウィル・）オスプレイになんの魅力があるの？

――そうなってしまいますよね。

鈴木　でも俺はヒザが痛くても、観客に気づかせないような〝鈴木みのるの試合〟ができちゃうんだよ。そういうのも17年間フリーで生きてきた知恵であり、技術でもあるんだよね。

――ケガをしていてもクオリティを落とさず闘えるような知恵と技術があるから、ここまでできるんですね。

鈴木　結局、ケガは誰でもするよ。そもそもよくファンに「ケガしないように気をつけてね」って言われるんだけど、ケガをしないようにプロレスをやる鈴木みのるの何がおもしろいんだ？っていうの。

――まあ、そうですね（笑）。

鈴木　身体を張って、命を削るからおもしろいんだよ。どんな試合でもそう。それを覚悟して俺はプロレスラーっていう職業をやってるんで。その覚悟がないヤツはそれまでなんで。それこそケガは勲章くらいにしか思ってないよ。そんな中でも、観客にケガを気づかせない、ケガをしていても「すげえ！」って思わせるプロレスを見せるのが、俺の仕事だからさ。

大和魂 エンセン井上

「夜の世界からはもう離れた。行くといろんな裏の付き合いもあるし、揉め事もある。俺がひとりでいるなら殺しに来るのはいつでもいいけど、セラ（妻）も一緒にいるからもうダメだよ。彼女がいまの素晴らしいエンセンを作ったんだからね」

男で生きたい。男で死にたい。男になりたい!!

収録日：2020年10月14日　撮影：タイコウクニヨシ　試合写真：平工幸雄　聞き手：井上崇宏

KAMINOGE YAMATO DAMASHII

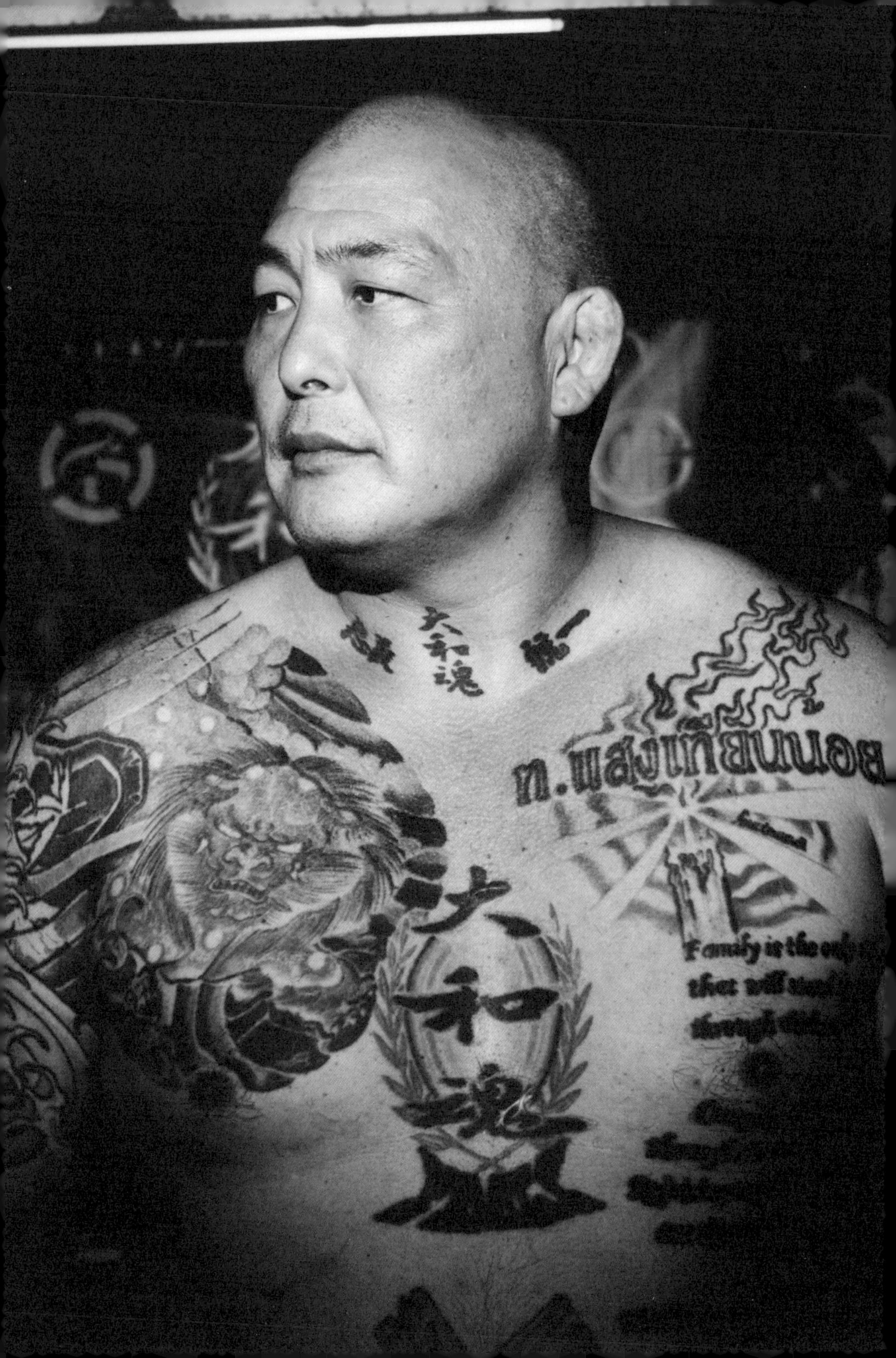
大和魂

「捕まってからいろいろ人生が変わったんですよ。夜の世界の付き合いもちょっと落ち着いて、いい道になったの」

――ボクら仲間内のあいだでは「結局はエンセン」っていう言葉がありまして、「いろいろトラブルもあったけども、やっぱカッコいいよね」っていう意味なんですけど（笑）。

エンセン　そう？　それはありがとう。うれしいね（笑）。でも男はそう思ってくれるけど、女はそうは思わないんじゃない？

――エンセンさんはあまり女性からはウケないですか？

エンセン　あまりね（笑）。俺のことを「カッコいい」って思ってくれるのはみんな男で、最初はそれが嫌だったよ。だって魔裟斗や（山本）ＫＩＤ（徳郁）が会場に入るときは、女のコばっかりから声がかかって「わー、ＫＩＤカッコいい！」って言ってたじゃん。俺はそれを見て「ああ、いいな～」って思ってたよ（笑）。

――うらやましかったんですか（笑）。

エンセン　うらやましかったね。でも、いまは引退しても男がずっとついてくる。それはやっぱり凄いよね。女のコのファンだったら普通は引退したら違う人に行っちゃうでしょ。でも男のファンはずっとついてくるよ。しかもエンセンのファンは不良系が多いね。

――不良系というか、不良ですよね（笑）。

エンセン　アッハッハッハ！　そうそうそう（笑）。

――現在、エンセンさんはＲＩＺＩＮでＭＭＡデビューしたスダリオ剛選手のコーチをやっていますけど、どういうきっかけで彼を教えることになったんですか？

エンセン　小錦から話が来たんですよ。小錦に「エンセンに紹介したい人がいる。『相撲取りを辞めて格闘技でがんばりたい』って言ってる」って言われたの。

――小錦さんからの紹介だったんですね。

エンセン　そう。それで電話番号を渡されて剛とも話をしてね。俺もいままでは海外を行ったり来たりしていて、（女子格闘家の）セラや自分のジムの弟子とかのトレーニング以外はあまりできなかったんだけど、でもいまはコロナでずっと日本にいるから「じゃあ、一緒に練習しようよ」ってことで始まったね。俺もコロナでどこにも行けないから、剛が練習に来てくれて楽しかったね。

――スダリオ選手の練習を見るようになったのは何月くらいからですか？

エンセン　今年の8月くらいだね。

――試合まで2カ月なかったですね。

エンセン　そうだよ。だからまあ、ハードにやったね（笑）。でも相撲の稽古だって凄いじゃん。剛にも覚悟があって、そこは俺と気が合う。好きな食べ物もだいたい一緒だし。

――以前、他誌でエンセンさんに取材させていただいたのが2010年なんですけど、あのときは池袋でお会いして、取材が終わったあとにエンセンさんが「これから池袋警察署に行ってくる」っておっしゃっていたので、何をしに行くのかなと思ったら「お世話になったおまわりさんに挨拶してくる」って言ってて（笑）。

エンセン そうそう、あったあった（笑）。俺が大麻で捕まったとき、留置場の担当に凄い話しかけられたの。その人は俺のファンだったみたい。あのときは保釈がなかなか出なかったので留置場には28日間入った。その途中に彼が刑事になっちゃったの。それで彼がさびしい顔をして、「もうエンセンさんの担当じゃなくなります」って言ってきたから「あっ、おめでとうじゃん！　いいじゃん！」って言って。

――じゃあ、あの日はその刑事さんに会いに行ったんですね。

エンセン そうね。留置場を出るとき、彼から「エンセンさん、絶対にここに戻ってこないようにしてください」と話しかけられたことがあったの。正直言うと、留置場にいたときはいろいろと考えたことがあった。「大麻をもっとうまく隠せばよかった」とか「警察がクルマのドアをノックしたときに無視すればよかった」とか、「忙しいんで」って言ってドアを開けずにそのままクルマで帰ることもいけたでしょ。「それをやればよかった、あれをやればよかった」ってそんなことばかりずっと思ってたんだけど、よく考えたら捕まってからいろいろ人生が変わったんですよ。夜の世界の付き合いもちょっと落ち着いたし。だから捕まったおかげで俺の道が変わって、それはいい道になったの。だから、そのときの担当の刑事さんに3〜4回くらい挨拶しに行ってるよ。「元気？　ありがとう」って。だけどもう3年も行ってないから、またそろそろ顔を出しに行こうかなと思ってる。

――その人はまだ池袋署にいるんですかね？

エンセン わかんないね。俺が捕まったときにいちばん上の担当だった人はもう退職したね。その彼も凄くいい男だったからちゃんと挨拶したかったんだけど。あのときは取り調べが6時間とか凄かったんですよ。それで俺の携帯の中にいろんな名前があったから、「これは誰？　これは誰？」ってずっと聞かれて。昔の携帯って「家族」「友達」とかって分けることができたじゃん。それで夜の世界の人たちはみんな着信音を『ゴッド・ファーザー』にしてて。

――アハハハ！　着メロが『ゴッド・ファーザー』のテーマ！（笑）。

エンセン そうそう（笑）。だから、アッチの人たちから電話が来たらそれが鳴ってたから。で、警察はその人たちの名前を全部紙に書いてね、「これはどこの誰？　どうやって会っ

た?」って。それで俺は全部ウソをついた。「それはクラブで会って電話番号を教えてって言われたから、しょうがないんで教えるしかないでしょ。向こうはただのファンで俺も友達ではない。何もしてないよ」って。だけどショートメールも全部見られてるから途中でそのウソも難しくなった。それで俺は刑事さんに「あなたは男でしょ?」って聞かれたから「はい」って答えたら、「あなたは男を捨てなさいよ」って言われたんだよね。それで俺は「いや、友達を裏切ると男じゃなくなるでしょ。あなたも男でその気持ちがわかるはずなのに、なんで俺にそんなことを頼むの?」って言ったんだよ。10年、20年と刑務所に入っても俺は絶対に話さないよ。そうしたら彼は凄いんですよ。「じゃあ、わかった。今回のことだけ聞く」って言って、それで質問が全部終わっちゃったんだよ。

——今回は大麻所持についてだけ聞くと。

エンセン　そう。でも正直言うと、日本の警察はホントに不公平ね。俺が六本木でセキュリティの仕事をやってたとき、始まる前にクルマの中で寝てたら警察がドアをドンドンしてきたね。それで「クルマの中を見たい」って言うんで「勘弁して。セキュリティの仕事の前で休んでるからやめろよ」って。それで窓を閉めて寝ようと思ったら、警察が3人、4人、5人ってどんどん集まったね。だから「これ、どういうことですか?」って言ったら「クルマの中を見せてくださいよ」とそればっかり。「いや、何もないからもうやめろよ」って言って、それで自分の知り合いに電話をして「これ、どうすればいい？」って聞いたら、その知り合いから「クルマの中に何かある？」って聞かれたんで、「いや、何もないよ」と。「じゃあ、見せたほうがいいよ。そうじゃないといま逃げてもずっとマークされちゃうから」って。それでしょうがないからクルマから出たんだけど、もう制服を着た警察が15人くらいいて、さらに刑事も3人来てて。

——エンセンさん、それはもうクマを捕獲するときの布陣ですよ（笑）。

エンセン　凄いのよ。もう恥ずかしいよ。「なんで悪いことをしていないのにこんなに集まるの？」って。それで、その中にデブの警察もいたんですよ。

——デブの警察！（笑）。

エンセン　俺、そのデブの彼に言ったの。「こんなにも人はいらないんじゃないの？　減らしてよ」って。そうしたら凄く性格が悪くて、「えっ、なに？　そんなの知らないよ」みたいに言ってきた。それから刑事が来たんだけど、デブの警察よりも刑事のほうが立場が上じゃない。だから「話はするけど、この制服の人たちは帰らせてください」って言ったら、刑事が「じゃあ、みんな帰れ」って言って。そのときに俺はもうムカついてたんで「バカヤロー！　帰れ帰れ！　デブ！」って言ってやったよ（笑）。

——その人も歯ぎしりしながら帰って行ったんでしょうね（笑）。

エンセン　それでクルマを見せてあげようと思って、刑事に「腕立てを10回したら見せるよ」って言ったの。

——見たけりゃ腕立て10回！（笑）。

エンセン　それでも腕立てしない。「じゃあ、1回だけ腕立てをして」って言ってもしないんですよ。それで俺も怒って、「警察はホントに妥協がないね。俺は悪いことしてないんだから、見たいんだったらなんとかするでしょ」って。それでもダメだったから「じゃあ、1分だけしか見せられないよ」って言ったら、それもできない。だったらもう見せられないじゃん。それでやっと「じゃあ、1分で」って妥協してくれた。だけど始まって俺はすぐに止めたの。「やめてやめて、まだ始まってないよ！」って。

——めっちゃ遊んでるじゃないですか（笑）。

エンセン　そうそう（笑）。それで「ちょっと待った！」って言ったあとに「ゴー！」って言ったら、ふたりの刑事が凄い勢いでクルマの中を見てて。そこで俺も「あっ、ここを見たほうがいいよ！　これ、なんか怪しいんじゃない？」って声をかけてあげて（笑）。

——ヤジまで飛ばして（笑）。

エンセン　それで1分が経ったのにまだずっと探してるから、「ちょっと待ってよ！　タイム！　タイム！」って言ってストップさせて、「もう早く帰れよ」って言って終わり（笑）。日本の警察は妥協しないとこがよくないと思うね。

「佐山先生が俺と中井さんのスパーリングを見ていて『彼は使える！　デビューは3カ月後だ』って言ったんですよ」

――最初、エンセンさんはラケットボールで日本に来られたじゃないですか。そのときはまだハワイ大学の学生だったんですか？

エンセン　そう。まだ学生のときです。最初は横浜のスポーツクラブが、全日本大会があるからってことで私のお兄さんを招待したんですよ。

――お兄さんというのはイーゲンさんですよね？

エンセン　そう、イーゲン。日本人のレベルはプロではなかったから、お兄さんが出たらラケットボールのお客さんも来るでしょ。イーゲンは前の年にも日本に来て優勝していたんだけど、その年は忙しくて行けないからって「じゃあ、弟は来れるの？」みたいな話になって。

――それでエンセンさんが全日本大会に招待されたんですね。

エンセン　そうなの。でも正直言えば、そのとき俺は日本に興味がなかったんだよ。自分はハワイ人だし、日本語もしゃべれなければ日本の文化もわからない。だけどお母さんたちは日系だから日本の文化が半分くらいはあるけどね。でもまあ、「ただの旅行みたいな感じだったら行ってみようかな？」と思ってオッケーした。そのときはまだ日本に住みたいとはまったく思わなかったね。

――まあ、思わないですよね。

エンセン　でも「日本語を覚えたらハワイでもっといい仕事ができるな」と思ったね。それで英語の先生の仕事を探して、日本語を覚えるために1年いた。それから「このままハワイに帰ったら日本語を忘れちゃうかな」と思ってもう1年延ばした。

――あっ、そうだったんですね。

エンセン　それで2年、福島の郡山で英会話の先生をやって、これでもう日本語は忘れないと思ったから「もうハワイに帰れるな」と。気持ちはずっとハワイに帰りたかった。それで帰ろうと思っていたときにイーゲンから「ラケットボールの会社を作ったから、日本の代表をやってみたら？」って言われたんですよ。まあ、最初は軽い気持ちで「まあ日本にいるんだし、ちょっとやってみるか」と思ってたら、途中から「この会社を安定させるまでは帰れないな。誰か代わりが務まるようになってから帰ろう」って気持ちになった。それでその会社を安定させるのに2年かかって、結局4年になったね。それで「もう絶対にハワイに帰ろう」と思ったときにヒクソン・グレイシーが日本に来た。俺はその大会を観て「ちょっとリングに1回上がってみたいな」と思ったんですよ。俺はグレイシー柔術をちょっとだけやってた。

——ヒクソン来日は1994年のバリジャパのときですかね。

エンセン そう。それで「リングに上がってみたい」と思ったけど、俺は寝技しかなかったから「どこのリングに上がるのがいいのかな?」と思って探してたら、UWF(インターナショナル)、パンクラス、リングスがあったんで、UWFに電話をしてみたら身長とか歳が関係あったね。

——当時の入門規定はそうでしたね。

エンセン 「えっ、なんで? 格闘技だったら強ければいいじゃん。なんで身長や歳が関係あるの?」って思った。それで「あっ、やっぱりこれはプロレスなんだな」と思って、俺は真剣勝負じゃないなら興味ない。それでリングスとパンクラスに電話をしてみたら「新弟子テストがある日まで待っててください。そのあいだに履歴書と上半身の写真を送ってください」って言われた。だからリングスとパンクラス両方に送ったよ。でも、新弟子テストがいつあるのかわからないから待てないじゃない。それでいろいろビデオを観てたら「この修斗っていうのも寝技が使えるな」と思って修斗に電話をしたんですよ。そうしたら佐山(サトル)先生が電話に出たね。

——佐山さん本人が電話に出たんですか。

エンセン そう。それまで電話したところはみんなは新弟子テストがどうとか言って真面目じゃん。でも修斗は「いいよ、いいよ。来て来て!」って。それで次の日に行っちゃって。

——大宮ですか?

エンセン そう。スーパータイガージム大宮ね。

——柔術はいつから始めていたんですか?

エンセン 1988年。大学で柔術のコースがあったから。

——当時、日本ではまだ柔術をやっている人は少なかったですよね。

エンセン いなかったね。だから最初にスーパータイガージムに行った日、佐山さんが俺にスパーリングをさせたんだけど、相手は寝技のプッシュもわからないから、マウント、バック、全部ポジションを取っちゃったね。その人が中井祐樹だったね。

——あっ、中井先生が。

エンセン だから、まだ修斗の寝技はそこまで柔術のポジショニングとかがわかっていなかった。それで佐山先生がそのスパーリングを見ていて、中井さんに向かって「彼は使える!」って言ったのよ。「えっ、使えるってどういうこと?」と思ってたら「デビューは3カ月後だ」って言われた(笑)。

——「使えすぎる!」と思ったんでしょうね(笑)。

エンセン 「えっ、3カ月後ってどういうこと?」って言ったら、佐山先生に「大丈夫、大丈夫。信用して〜」って言われて。それでスーパータイガージムがあった『ゆの郷』ってプライベートルームがあったでしょ? そこにすぐに引っ越して毎日

COURAGE

大和魂
TSUYOSHI

スパーリングだよ。それから俺はプライベートの昼間のときにジムで佐山さんに寝技を教えたりもしたね。

「闘う目的は相手に勝つというよりも自分の気持ちが勝つこと。だから格闘技をやる意味がちょっとみんなと違う」

――エンセンさんが佐山さんに技術を教えていた。

エンセン　そうそう。それで佐山さんは凄く頭がいいからすぐにわかっちゃう。そうしたら先生は、テレビや雑誌でその技を自分が勉強したみたいに言って教えてた。違う、俺が佐山先生に全部教えたよ（笑）。まあでも、全然いいよね。

――まあ、先生ですからね（笑）。

エンセン　先生だし、先生にも悪気がなかったから。でも佐山先生がかわいそうだったのは、それから修斗の選手みんなに「柔術のポジショニングを覚えたほうがいいよ」って言ったけど、みんなは「いらない」って言ってサブミッションばっかり。

――ポジショニングの重要性がまだ伝わっていなかったと。

エンセン　それであるときに修斗の合同スパーリングがあって、（佐藤）ルミナとかガッツマンの桜田（直樹）たちが練習に来たときに、俺は桜田さんとスパーリングして寝技になったから余裕でマウントを取った。そうしたら佐山先生が横から俺に「殴っていいよ」って言うから「えっ、大丈夫なの？」って思ったんだけどボコボコにしたのよ。そのときに彼はチャンピオンだったけど、やっぱりマウントの逃げ方がわからないから逃げられなかった。だからもうボッコボコにした。それをみんなも見ていて、修斗の選手の頭の中が変わった。

――エンセンさん、完全に宣教師ですね。

エンセン　佐山先生が言うことをみんなは信じてなかったらしいけど、それを見てからみんなの頭の中が変わった。それから佐山先生は俺のために修斗のフリースタイルを作った。まだそのとき修斗はアマチュアの試合でグラウンドパンチや顔面がなし。だけどエンセンのために作ったフリースタイルは寝技はなんでもあり、ブレイクもなし。

――グッとMMAに近づいたわけですね。

エンセン　だけど俺とスパーリングできる身体の大きい人が修斗にいなかった。それで会場で一度会ったUWFの金原（弘光）さんが頭に浮かんだ。彼の試合を観てると、UWFは真剣勝負なのかどうかわからなかったけど、寝技も凄くいい動きをしてた。「あの人たちだったら身体も大きいから、スパーリングしに行ってみようかな」と思って佐山先生に相談したの。佐山先生からは「いや、プロレスは弱いから行かないで」って言われた。

――当時の佐山さんならそう言いますよね。

エンセン　でも金原さんの性格がしつこいんだよ。ずっと「来て！　来て！」って言われたから「ああ……。じゃあ、1回行きます」ってなって（笑）。それでUWFの道場に行ったら、金原、桜庭（和志）、髙山（善廣）、垣原（賢人）、松井（大二郎）がいたんですよ。彼らと普通に寝技のスパーリングをした。凄くいいスパーリングができた。桜庭からは下からの十字をいろいろ取って、金原も松井もみんな柔術のポジショニングがわからなくてね。それでもいいスパーリングができた。大きい身体とやれた。

――Uインターの選手たちも、エンセンさんという新しいテクニックを持つ人が出稽古に来てくれてうれしかったでしょうね。

エンセン　そうだろうね。だからUWFのほうに週2〜3回くらい練習に行ったね。あるときに安生（洋二）ともスパーリングをやって、安生も強かった。あとはボーウィーさん。

――ムエタイのボーウィー・チョーワイクン。

エンセン　彼もまあまあ寝技ができた。

――ボーウィーは寝技も強かったらしいですね（笑）。

エンセン　強いよ、ホントに。試合とかやればよかったのに。ただおもしろかったのは、髙田（延彦）さんと田村（潔司）さんは道場にいないんですよ。なんでかわからなかった（笑）。まあ、桜庭、金原、松井とはスパーリングをガンガンした。その3人とはすっごいやったよ。

――のちにMMAで活躍する人たちですよね。

エンセン　やっぱMMAは柔術がわからないと寝技になると大変ね。

――エンセンさん自身も修斗で大活躍をしていくわけですけど、ファイターとしてどういう目標を立てていたんですか？

エンセン　まず、なんでリングに1回上がりたかったかっていうのは、自分の気持ちをコントロールしたかったから。たとえば、みんなの前でスピーチするにしても、普通のスポーツであっても、練習の自分と本番の自分、緊張があるからできないんだよ。ラケットボールのとき、簡単なショットが練習だと100回やったら99回成功できるのに、緊張があって自分の気持ちを抑えられないというだけで60パーセントになっちゃうんだよね。それはスポーツの話だったらたいしたことないと思うんだけど、あるときにテレビでドキュメントを観ていたら、男が家族と一緒にクルマに乗っていて、そのクルマが事故をして逆さまになって火事が始まったの。そのとき男がパニックになってクルマのドアを開けられなかった。大事なときに自分の気持ちをコントロールできなくて家族全員が死んじゃったんだよ。それをテレビで観てたら、自分の気持ちをコントロールできるのはすごく大事だと思ってね。

――つまり格闘技の試合を経験することで、自分の気持ちをコントロールできる男になりたかった。

エンセン　そうです。やっぱりどんなスポーツでも、1対1でやって相手が殺しに来たら緊張感が全然違うでしょ。最初はそれを一度感じたかっただけ。自分はプロの格闘家になるわけないと思ってた。でも結局、引退するまでそれをずっと追いかけてた（笑）。

——現役中はその気持ちのまま、ずっと試合をしていたんですね。

エンセン　だから俺は簡単に勝てる試合はあまりやってないじゃん。選んだ相手は危険な怖さを持つ選手ばかりだよ。目的は相手に勝つというよりも自分の気持ちが勝つこと。だから格闘技をやる意味がちょっとみんなと違う。

——チャンピオンになりたいわけではなかったと。

エンセン　ベルトを獲りたいとか、たくさんお金をもらいたいとか、そういうのはまったくなかった。気持ちの強い男になりたかっただけ。それには弱い人とやっても強い男にはなれないでしょ。

——エンセンさんって、じつはMMAを20戦しかしていないんですよね。

エンセン　そうなんだよ。少ないよね（笑）。

——なのに記憶に残っている試合がたくさんありますし、たしかに対戦相手はみんな強い人ばっかりでしたよね。

エンセン　それは自分が全部選んだんですよ。イゴール・ボブチャンチンを選んだときは、彼が前の試合でブラジル人のフランシスコ・ブエノとやった。

——ああ、衝撃のKOでしたね。

エンセン　ワンパンでブエノが白目になって、倒れていくときにも2発もらって動かなくなっちゃった。俺の隣の隣に座っていた彼の奥さん、もう凄く泣いちゃってたね。ブエノがなかなか起きてこなかったから「死んだんじゃないか？」の雰囲気。そこでひとりだけ「ボブチャンチンと試合がしたいな」って思った。俺は彼と殴り合いたいなと思った。ヒース・ヒーリングを選んだときも、彼がトム・エリクソンを倒したばっかりのときだったから「ヒーリングとやってみたい」ってなった。マーク・ケアーとやったとき、ヒクソンとストリートファイトをしたことがあるウゴ・デュアルチがリングから逃げちゃうくらいだから俺は彼とやりたいと思った。自分の気持ちを試してみたいなと思ったね。

「戦争に行ったら死んじゃうか、おかしくなって身体が壊れて戻る。もう格闘技は絶対にできないと思ったから最後にノゲイラとやった」

——エンセンさんの中でのベストファイトはどの試合ですか？

エンセン　それは3つあるね。ひとつはフランク・シャムロック。俺は寝技の選手だったから立ち技に不安があったけど、あのときも思いっきり殴り合ったじゃん。それで「立ち技の選手と殴り合ってもたいしたことないな」と思った。お互いに殺し合いのつもりで殴り合ったから気持ちよかったね。もうひとつ

スカイパーフェクTV!

はランディ・クートゥア。

――バリジャパのクートゥア戦は最高でしたよ！　腕十字で一本勝ち。

エンセン　自分の試合だけじゃなくて大会の流れも凄かったでしょ。その前のバリジャパで「日本最弱」って言われていたとき、ルミナがアンドレ・ペデネイラスに負けて、マッハはセルゲイ・ヴィチコフに勝ったけど、「エンセンがクートゥアに勝てるわけないから、日本人はまた最弱になるな」ってみんなが思ってた。それで俺が勝ったから、会場が映画館みたいにグワーッってなってたでしょ。

――みんな、映画のエキストラみたいに総立ちになって騒いでましたね（笑）。

エンセン　でも、あの試合は選手として勉強っていうのはあまりなかった。完璧な試合だったから。だけど「エンセンは強い」って評判になった。それで最後のいちばん大きな試合はボブチャンチン。

――やっぱりそうなるんですね。灼熱の西武ドーム。

エンセン　あれが気持ちよかったのは、身体がダメになっても魂がまだ生きてたこと。インターバルのときも「まだやりたい！」って言ってた。でも身体はホントにもうダメだった。

――かなりのダメージを負いましたもんね。

エンセン　鼓膜が破れて、指骨折、アゴ骨折、あとは脳みそも腫れた。肝臓の数値も普通の2000倍に上がった。

――2000倍!?

エンセン　俺は大丈夫だろうと思ってたんだけど、肝臓がそこまでダメになるとガンになっちゃってホントに危ないんだって。だから入院して最初の2日間は看護師さんがずっと俺の目の前にいた。それで3日後にやっと自分で歩いた。点滴をつけたままトイレまで自分で行って。あのとき、みんなが面会に来たんだけど凄い顔をしてくるの。「いや、俺は大丈夫だよ。すぐに回復するよ」って言ってるのに、3日経ってやっとトイレに行ったときに鏡を見たら「あっ、顔が凄いヤバイ……」って。交通事故に遭ったみたい。色と腫れが凄かったから「うわっ、これはすげえな……」ってなった。それで脳みそが腫れてるから出血が始まっちゃうかもしれないのが心配でCTを3回撮ったね。だからボブチャンチン戦で勉強になったのは、魂が身体よりも強くなったところ。そのために格闘技をやってたから、ボブチャンチン戦が終わったときに「もうリングでは勉強することはない」と思ったから引退を決めたね。

――肉体よりも心のほうが強くなれたことがわかって。でもボブチャンチン戦の次にヒース・ヒーリングとやりますよね。

エンセン　そうね。ボブチャンチンの試合でホントは終わった気持ちがあったけど、ファンのためにもう1回試合をしようと思って。それでPRIDEから電話が来て「藤田（和之）、（ケン・）シャムロック、ヒーリング、誰とやりたい？」って言われた。シャムロックは前の試合で藤田となんか変な試合をしたから、そんな評判になった人とは試合したくない。あと藤田さんは試合がつまんないし、トレーニングを3回くらい教えた友達だったからやりたくないと思った。それでヒーリングはトム・エリクソンに勝ってたから「やるならヒーリングだな」と。結局、そのあと（アントニオ・ホドリゴ・）ノゲイラともやったんだけどね（笑）。

――イラク戦争のときに、アメリカ兵に志願したけど入隊を拒否されたという話もあったじゃないですか。あれは本当に入れ墨が原因でダメだったんですか？

エンセン　そう。自分の性格として、戦争に行ったら確実に死んじゃうと思った。だから手のひらに入れ墨を入れたんですよ。これね。

――右手に「一族」と左で「誇り」。それは戦争に行くために彫ったんですか。

エンセン　そう。なんでかと言うと、男として家族がいちばん大事。そして誇りがないと家族を守れない。だからこのふたつの言葉を入れた。でも結局は頭のうしろのタトゥーがダメだったの。「制服からタトゥーが出たらダメだ」って。軍に入れる歳は超えてたんだけど、それはオッケーになってたから。

――だって強いですからね。

エンセン　だけどキャンプ座間に電話してみたらタトゥーだけはダメだった。それで戦争で行くと決めたときに、戦争で死んじゃうか、おかしくなって身体が壊れて戻るでしょ。もう格闘技は絶対にできないと思ったから、さよなら試合をやろうと思ってノゲイラとやった。

――どうして戦争に行きたかったんですか？

エンセン　9・11の事件があったから。あれを映像で観て心が凄い痛かった。「テロはひどいな」って。それでいろんな家族の涙とかを見て、なんとかテロを倒したいなっていう気持ちがあったね。そうやって「テロを倒したい」っていう気持ちがあったのに、テレビのニュースを消したら、ゲームセンターに行って、水商売に行って、楽しくワイワイしてた。それで次の日にテレビを観て、また「テロは許せない」って気持ちになる。それはおかしいじゃん。本気じゃないんじゃないの。自分が男として、どういう男になりたいのかと思ったときに「その気持ちがあるならホントになんとかしようよ」ってなって軍隊に電話したのね。「やっぱ行かなくちゃいけないな」と思って。でも行けなかったね。

――現役を引退されたあとは、どんな生活を送っていたんですか？

エンセン　引退してからは夜の世界とかにもいろいろ入っちゃったね。夜の遊びとかもね。でもあれが大きかったよ。東北。

——東日本大震災。震災後、エンセンさんは何度も福島に行って、ずっとボランティア活動をされていますよね。

エンセン　あの震災は胸が痛かった。だから福島にはもう57回ボランティアで行ってる。今年はコロナでまだ行けてないんだけど12月にまた行くつもり。震災が起きたすぐあとは芸能人とかいろんな人が行ったけど、もう行ってないじゃん。それって本気じゃないよ。まだ福島の人はみんな悩んでるよ。ニュースにも出てないからみんなわかってないけど、まだまだ大変なんですよ。2年前に仮設住宅からみんなを家に戻してるんですよ。放射能は変わってないのにだよ。仮設住宅は最初は3年から5年に延ばして、さらに7年に延ばしたけど、もうダメってなって仮設住宅を解約しちゃった。それで俺は郡山の仮設住宅にもだいぶ行ってたけど、あそこにいたみんなともう連絡が取れなくなっちゃった。

——あっ、もともとエンセンさんは郡山とは縁がありますもんね。

エンセン　そう。最初は郡山で英会話の先生だったから。「今年、いちおう籍は入れた。でもハワイ人とニュージーランド人が日本で結婚するのはホントにめんどくさかったよ」

——あとエンセンさんはプロレスのリングにも上がっていたじゃないですか。プロレスにはどういう思い出がありますか？

エンセン　あれはホントはやるつもりがなかったね。俺にプロレスはできないから。だけどジョシュ・バーネットがもうしつこかった。「やれ、やれ」って言ってきて。

——ジョシュから新日本に誘われたんですね。

エンセン　それで「いやー、俺はできないよ」って言ったら、「じゃあ、東京ドームで俺が永田（裕志）とやるときにセコンドについて」って言うんで行ったんですよ。だけどもう意味がわからなくて、俺はそのときずっとコーナーで無表情（笑）。

——無（笑）。

エンセン　それで終わってからジョシュに「どうだった？」って聞かれたけど、「やっぱ俺はプロレスは無理だよ。絶対にやりたくないよ」って言って。それでもジョシュからはずっと「やろうよ」って言われてて。それで今度は上井（文彦）さんからも声をかけられて、「エンセンのスタイルのままでいいから」と。

——殴る蹴るでいいんだと。

エンセン　それで契約も凄くよかったね。試合に出なくても毎月100万。試合もテレビか大きな会場にしか出ない。それでやってたね。

——エンセンさんのプロレスの試合、おもしろかったですけどね。村上（和成）さんとの抗争とか。

エンセン　いや、やってみたらもう凄い勉強になったね。やっぱりプロレスもナメちゃダメ。プロレスは難しい。止まっちゃっ数珠って作る人のエネルギーも入っちゃうんだよ。だから気分がいいときしか作らない。

——どうして数珠を作ることになったんですか？

エンセン　知り合いで数珠を作っている人がいて、俺にも作ってくれたことがあったの。そのときに彼から言われたのは「数珠が壊れたらそれはいいこと。それは自分のかわりになったから壊れた」と。それで作ってもらった数珠をずっと着けていて、俺がベンツで事故をしたときにその数珠が割れた。ベンツのS500が廃車になったくらいの大きな事故だよ。左のフロントタイヤもどこにいったのか、飛んじゃって探せない。エアバッグもドアとステアリングから出た。だけど俺はこっち側（左の上唇）が腫れただけ。あとはケガなし。

——そのときに数珠が自分のかわりに壊れてくれたと思ったんですね。

エンセン　そう。それからは数珠をずっと着けたいなと思った。それで毎年、一族のパーティーをやっていて、誕生日のときも集まって。それで39歳のときかな、みんなから俺への誕生日プレゼントはなしにして、俺がみんなに数珠を買ってあげた。だいたい120万くらい使ってね。それをずっとやっているうちに、数珠を作っていた知り合いに「作り方を教えてあげるよ」って言われたの。「えっ、俺はこういう細かいものは作れないな」って思ったけど「簡単だから教えてあげるよ」って言われたから、ずっと動きっぱなしじゃん。だけど試合が終わってからよく言われた言葉は「やりすぎだ！」って。星野総裁にもひどくやりすぎて1回怒られたことがある。「ひどい！　痛いよ、おまえ！」って（笑）。俺は彼の軍団をいじめてたじゃない。魔界倶楽部とクレイジードッグスで。だからプロレスもやってみたら楽しかったよ。

——プロレスをやったことがいい思い出になっていてよかったです。

エンセン　蝶野（正洋）さんがホントに頭がよかったね。「プロレスは顔がいちばん大事だから、痛いときに下を向いたらダメ。痛いときほど顔を上げたほうがいい」って言ってた。

——痛いなら、痛いってことをちゃんと表現したほうがいいと。

エンセン　その顔は格闘技ではあまり見せたくないよね。

——格闘技は痛い顔をしていたら試合を止められますからね（笑）。

エンセン　新日本のレスラーは、天山（広吉）とか小原（道由）さんとか凄くやさしかったしね。中西（学）さんも永田もブルーウルフもみんなやさしかったよ。

——いまって、エンセンさんは数珠を作っていらっしゃるんですか？

エンセン　そうね。いま数珠を作るのがいちばん興味があるね。コロナの前はあっちこっちに行って石を探していたんですよ。

われて、それで作ったの。そうしたら1個作るのに3時間かかった。これじゃみんなのぶんは作れないと思ってずっと練習した。それでうまくなったら知り合いに作ってあげたりして。もっと自信がついたときはFacebookに数珠を載せた。そうしたらみんなが「ほしい、ほしい」って言ったけど、最初は抵抗したんですよ。「これは売るものじゃないから」って。

――あっ、販売目的で作り始めたわけではないんですね。

エンセン　まったく。それでも「ほしい」って言われてたんで「じゃあ、作って売ろう」と思ってやり始めたら大きな商売になったね。それでホームページも作って、ハワイでもやってみたら、ハワイのほうが人気が凄かった。もう2週間ずっと作りっぱなし。いまもそうよ。ハワイに行くと寝られないよ。店を開いてから夜中までずっと作りっぱなし。

――お店もあるんですか？

エンセン　ハワイに店も作ったね。3年前からやってる。ただ、いまはコロナがあるから行けないでしょ。今年は2月にしか行ってなくて、だからいまはずっと店は閉めっぱなし。家賃は毎月払ってるのに。

――ああ、大変ですね。

エンセン　大変ですよ。だから2週間帰って、そのときの売り上げだけでもあればいいけどね、いまって外国人は日本に戻ってこられないからね。

――そうですよね。

エンセン　だから日本と海外のホームページがある。まだこれはあまり宣伝してないんだけど、まあ、少しずつみんなわかってくるだろうね。

――ところで。セラさんってエンセンさんの奥さんですか？

エンセン　あー、それ発表するか？

――あっ、やっぱりご結婚されてるんですか。

エンセン　今年、いちおう籍は入れた。

――おー！　おめでとうございます！

エンセン　これ誰も知らないよ。書いたらみんな初めてわかっちゃう。べつに内緒にしてないけど、Facebookに載せたらみんなからメッセージが来るでしょ。「結婚式はいつ？」とかうるさいじゃん。

――うるさいって（笑）。

エンセン　ふたりであそこに行ったよ。市役所。

――今年のいつ頃ですか？

エンセン　4月15日。ちゃんと日にちを憶えてるの、凄い偉いでしょ？　4月15日は俺の誕生日だから（笑）。

――なるほど（笑）。

エンセン　だからいつも言ってたけど、ずっと彼女というよりも奥さんみたいだった。それはもう絶対に変わらないし、最初から奥さんっていう気持ちはあるんだけど、籍を入れるのはホントにめんどくさかったよ。ハワイ人とニュージーランド人が日本で結婚するのは。

――ああ、そういうことですか。

エンセン 籍を入れるためにはハワイから取る書類、ニュージーランドから取る書類が必要。取っても3カ月以内のものじゃないとダメ。まだ結婚してないのに離婚しようかと思ったもん。「めんどくさい！ もういいよ、これ！」って（笑）。

――エンセンさんでも心が折れそうになった！（笑）。

エンセン だからお互いにもう3回くらいあきらめてたんですよ。でも俺がいちばん心配してたのは、もし俺が死んだとき、奥さんじゃなかったらお金とかの権利がないでしょ？ 恋人だったら何も権利がないから、それだったらやっぱり籍を入れようとなって。でも、まだ「奥さん」っていうのは慣れてないね。「彼女」っていう気持ちが出てくる（笑）。これがいつ慣れるのかはわからないよね。

――お付き合いをしてどれくらいですか？

エンセン どれくらいだっけ？

セラ 8年くらい。

――あっ、長い！

エンセン 長いよ。ホントは俺は4年が限界だから。4年で違うオモチャを探す。

――違うオモチャ!?

エンセン うん。

セラ オモチャ……（笑）。

――セラさんが笑っていますけど（笑）。

エンセン 4年でもう絶対に切る。そうしたら次に隣にかわいいオモチャが走ってくるから。

――エンセンさん、ここだけは絶対に載せますからね（笑）。

エンセン アッハッハッハ！ でも、それは昔の俺の話だから！（笑）。ホントにセラと出会ってから人生がだいぶ変わったね。この家も前は寮だったの。弟子たちが住んだりして俺もあまり帰りたくなかったくらい汚かった。まあ、海外に行くことばっかりだったんで、洋服を取りに来るだけとかして。でもセラが来たことはホント大きいね。どんどん家が綺麗になった。庭も綺麗になった。

「ノリ（KID）と2年間ずっと練習をした。練習しながら心強い話もした。それで彼はスターになった。最期は悲しかった」

――じゃあ、この素敵なご自宅はセラさんのセンスなんですね。

エンセン すべてセラのセンス。俺のセンスだったらもう大変なことになってる（笑）。あとセラと出会って大きかったひとつは、夜の世界からも離れたこと。行くといろんな裏の付き合いもあるし、揉め事もあるでしょ。俺がひとりでいるなら殺しに来るのはいつでもいいよ。だけどセラも一緒にいるとそれはダメじゃん。だから夜の世界からもちょっと離れた。かわいい女のコを探す仕事を死ぬまでやろうと思ってたんだけど。

――かわいい女のコを探す仕事？（笑）。

エンセン　そう、男の仕事ね。

――男のパトロールですか？（笑）。

エンセン　そう、パトロール。それでパトロールに出たら、かわいいコがいたら絶対に捕まえなくちゃいけないっていうプレッシャーがあるからキツいし。

――プレッシャー！（笑）。

エンセン　でもセラと会ってからはそんな気持ちも全部なくなった。

――エンセンさんにセラさんはとって神様じゃないですか。

エンセン　ホント凄いよ。普通の日本人とかは奥さんがいると、楽しいことがあれば一緒に連れて行くじゃん。俺はその気持ちはちょっと思わなかったけど、セミナーで海外とかに行くと「ああ、セラもいればいいな」ってそのとき凄い思うんだよね。「ああ、この感じか」って。とにかくセラが家に入ってきてから人生が変わった。

――そもそも、セラさんが日本に来たのはどういうきっかけだったんですか？

セラ　……（エンセンのほうを見てはにかむ）。

――あっ、エンセンさんがニュージーランドから呼んだんですか？

エンセン　ニュージーランドにセミナーとか総合格闘技エキスポのゲストに呼ばれて行ったんだよ。マーク・ハントとか有名な選手もみんないたね。そのときセラが俺にインタビューしてきた。なんか格闘技番組のレポーターをやっていて。

――セラさんはそういうお仕事をやっていたんですね。

エンセン　それで名刺をもらって「このかわいいコを取ろうか」と思って、日本に帰ってきてからもメッセージをして、1年くらいはEメールで「日本に来て」ってやった。それで最初は日本に1週間くらい遊びに来た。そのあとハワイにも来た。それで自分が知らないうちに全部用意をしてた。いい仕事だったのにそれも辞めた。

――テレビのレポーターみたいなことをやっていたんですよね？

エンセン　それもサイドジョブだったよ。ホントはコンピュータの凄くいい仕事だよ。それも辞めたって言うから「あっ、本気に日本に来るんだ！」と思ったね。そりゃ好きだったから来てほしいんだけど、そのとき自分が思ったのは「自分の人生は奥さんを作る人生じゃないのに」と。「ずっとサムライでいて、ひとりで死ぬ」と思ってた。女はいらないと思ったの。セラのことは好きだったけど、「えーっ!?　引っ越すのはちょっと待って……」と思った。「サムライ人生はどうする？」って（笑）。

——エンセンさんって本当に正直ですね。隣でセラさんが全部聞いてるのに（笑）。

エンセン　ホント最初は「えっ、来るの!?」ってなった（笑）。それで来て、昔の自分だったら真面目な付き合いは合わないじゃん。だけどセラはひどいエンセンを我慢して、いまの素晴らしいエンセンを作ったね。

——セラさんはエンセンさんのどういうところが好きですか？

セラ　やさしいエネルギーがありました。あとは話しやすい。最初に会って話したときに、すでに長く付き合っていたみたいな感覚がありました。

エンセン　セラとニュージーランドで最初の食事をする前の日ね、俺はカジノで70万当たったんですよ。

——凄い。

エンセン　初めてスロットで当たって、俺はカジノが大好きになったんですよ（笑）。それで次の日のデートのときに、俺はいっぱい勝ってたからセラに「カジノに行こう」って言ったら、セラはカジノが好きじゃなかった。もうこれは絶対にダメだなと思ったね（笑）。そのかわりケバブを食べに行ったね。

——カジノのかわりにケバブっていうのがよくわかんないですけど（笑）。

エンセン　彼女を作るつもりもなかったのに、カジノが嫌いな彼女は特にありえないなと思ったね（笑）。でも、いまはおもしろいよ。カジノで朝3時までやってるとしたら彼女も隣でずっとやってます。カジノが好きになっちゃった（笑）。だからやっぱり縁があったね。

——もう付き合って8年ですからね。

エンセン　8年だけど、どんどんよくなっていく。いまがいちばんいいね。それはうれしいよね。普通はちょっとつまらなくなっちゃうよ。だけど、セラとはどんどんよくなってると思う。

セラ　私も同じ気持ちですね。

エンセン　セラのおかげで犬も飼えたし。昔、飼っていた修斗くんがいなくなってから、もう犬はまったくほしくなかったけど、セラがほしかったから「じゃあ、いいよ。犬を飼おうよ」となって。いまがホントに幸せ。

——素晴らしいですね。それでは最後に。

エンセン　最後に何？

——2018年9月にKIDさんが亡くなられましたけど、そもそもKIDさんをMMAに誘ったのはエンセンさんでしたよね。

エンセン　そうそう。ノリが山梨学院大学を中退したとき、2年間レスリングの試合に出れないことになった。そのときに俺が「レスリングに出れないあいだに格闘技を練習すれば？レスリングと同じ動きだし、レスリングはいつ戻ってもテクニックを覚えてるからいいんじゃない？」って言ったら、ノリが「やる」ってことでやったの。それから彼が「本気でプロの選手になりたい」って言ってきたから「あっ、ホントに？　やりたいか？」ってスパーリングでボコボコにしちゃって。

――伝統のヤキ入れというか。

エンセン　そうそう。「これでもまだやりたいって言うんだったらやろうよ」ってことだったんだけど、その次の日にまたノリが「やりたい」って言ってきたから「じゃあ本気でやろう」となって本気で格闘技をやることになったんですよ。それで2年経ったときにノリのお父さんから電話がきて、「もうノリはレスリングに戻れるから戻してください」って言ってきた。「それは俺が決めることじゃないから、ノリに聞いてみます」ってことで「お父さんがレスリングに戻ってほしいって言ってるよ」ってノリに言ったら、「いや、俺は格闘技でやっていきたい」と。「だったら、これからもサポートするよ」ってことで、お父さんに「ごめんなさい。ノリは格闘技をやりたいって言ってる」って伝えたんだけど、また「でもエンセン。オリンピックがあるからレスリングをやらせてあげてください」って言うのね。

――そういうやりとりをエンセンさんを介してやっていたんですね。

エンセン　でもオリンピックに出るなら心を変えてなきゃダメじゃん。いまは心が格闘技なんだから。そうしたらお父さんとノリの距離が遠くなった。それでノリはお金は全部ゼロだから、俺がクルマをあげたり、俺が住んでたアパートの隣の部屋をノリのために借りてあげたりした。それであるときノリの部屋の前を通ったら、家のライトがロウソクだったね。それで家に入って行って「おまえ、ロウソクが好きなの？」って聞いたら「いや、電気代が払えなくて……」って言った。そこまでお金がないの。それで俺が電気代も全部払ってあげたら、そのときにお父さんとの関係がよくないっていうのを聞いた。「だったら俺が世話をするよ」って。それからノリと2年間ずっと練習をした。練習しながら心強い話もした。それで彼はスターになったじゃん。

――格闘技界のスーパースターになりましたね。

エンセン　そうしたらノリはお金がいっぱい稼げるから、筋の通らないことをする人が出てきていろいろおかしくなっちゃった。もっと話してもいいけど、たぶんこれ読んでもみんな意味がわからないと思う。

――そうだったんですね。

エンセン　とにかくノリは最期はかわいそうだった。悲しかった。だから生きてる俺たちは幸せでいないとね。

エンセン井上（ENSON INOUE）
1967年4月15日生まれ、アメリカ・ハワイ州ホノルル出身。総合格闘家。
日系アメリカ人4世でハワイ大学在学中にラケットボールの選手として来日。22歳から始めた柔術をバックボーンに1995年1月に修斗デビュー。1997年5月30日、『UFC13』のヘビー級トーナメント1回戦でロイス・アルジャーに一本勝ち（負傷のため決勝は棄権）。同年10月12日、ジョー・エステスからTKO勝ちを収め初代修斗ヘビー級王座となる。1998年10月25日、『VALE TUDO JAPAN '98』でUFC世界ヘビー級王者のランディ・クートゥアに腕ひしぎ十字固めで一本勝ち。その後もPRIDEなどで活躍をして、2002年2月24日、『PRIDE.19』のアントニオ・ホドリゴ・ノゲイラ戦で現役を引退。引退後はプロレスのリングにも上がっていたが、2008年10月に東京都豊島区で大麻取締法違反で現行犯逮捕された。過去にも1999年3月に傷害事件を起こしたり、2002年に恐喝・暴行でのちに賠償命令を受けたりと、リング外での話題を提供することも少なくなかったが、その命懸けの闘志あふれるファイトで多くの格闘技ファンから愛され続けている。

HENTAIZADANKAI

玉袋筋太郎の変態座談会

TAMABUKURO SUJITARO

極めの魁勝司 北沢幹之

MOTOYUKI KITAZAWA

レジェンド中のレジェンド
力道山からリングスまで
そのすべてがキラキラした
エピソードのオンパレード

収録日：2020年10月9日
撮影：タイコウクニヨシ　写真：平工幸雄　構成：堀江ガンツ

［変態座談会出席者プロフィール］
玉袋筋太郎（1967年・東京都出身の53歳／お笑い芸人／全日本スナック連盟会長）
椎名基樹（1968年・静岡県出身の52歳／構成作家／本誌でコラム連載中）
堀江ガンツ（1973年・栃木県出身の47歳／プロレス・格闘技ライター／変態座談会主宰者）

［スペシャルゲスト］
北沢幹之（きたざわ・もとゆき）
1942年2月15日生まれ、大分県東国東郡安岐町出身。元プロレスラー・魁勝司（かい・しょうじ）。1961年10月に日本プロレスに入門。1962年1月21日、マシオ駒戦でデビュー。豊登から命名された「高崎山猿吉」というリングネームで試合をしていた時期もあり、1966年に豊登とアントニオ猪木が旗揚げした東京プロレスに参加するが、のちに猪木と共に日本プロレスに復帰する。1972年に猪木が旗揚げした新日本プロレス参加。1976年のカール・ゴッチ杯で木村聖裔を破って優勝する。1981年4月3日、永源遙とタッグを組んで木戸修&星野勘太郎組と対戦した試合を最後に現役を引退。引退後はUWFやリングスでレフェリーとして活動。2009年3月6日には新日本プロレス「グレーテストレスラーズ」の表彰を受けた。

「生き別れたおふくろを探すために相撲取りになろうと思って、大分から東京に出てきたんですよ」（北沢）

ガンツ　玉さん！　今日はレジェンド中のレジェンドに来ていただきました！

玉袋　日本プロレスの生き証人だよ！

椎名　力道山からリングス・ロシアまで。

ガンツ　というわけで、本日のゲストは魁勝司こと北沢幹之さんです！

玉袋　北沢さん、今日は本当にありがとうございます！

北沢　こちらこそ、呼んでいただきありがとうございます。師匠に会えるっていうんで、私も楽しみにしていたんですよ。

玉袋　師匠はやめてくださいよ、本当に（笑）。

北沢　後楽園でお会いして以来ですよね。

玉袋　あっ、そうだ。藤波（辰爾）さんの興行ですよね。あのとき、マムシさん（毒蝮三太夫）と一緒に控室にも行かせてもらったんだけど、マムシさんがいちばん威張ってるんだもん（笑）。

椎名　広い業界の中ではいちばん先輩ですからね（笑）。

玉袋　85歳だからね。でも北沢さんも先輩といったら猪木さんぐらいなんじゃないですか？

北沢　そうですね。猪木さんだけですね。おとといグレート小鹿から珍しく電話がきたんですよ。「どうしたの？　死ぬんじゃないだろうな？」って（笑）。

玉袋　小鹿さんもまた元気なんですよ。でも北沢さんはその小鹿さんの先輩ですもんね。

椎名　それなのに北沢さんはいまだに身体が凄いですね。

北沢　いや、もうしなびちゃってダメですよ。

椎名　いやいや、胸板が普通じゃないデカさですよ（笑）。

玉袋　北沢さんがプロレスの世界に入るきっかけはなんだったんですか？

北沢　自分は小学校4年のときにおふくろと生き別れてるんですね。それで、おふくろを探すために最初は相撲取りになろうと思って。同郷の大分県出身である二代目・玉の海、先々代の片男波親方を頼って東京に出てきたんですよ。

玉袋　へえ～、そうだったんですか。

椎名　お相撲さんになって、お母さんを探そうと。

北沢　ただ、片男波親方がちょうど独立しようっていうことで揉めていた時期だったので、それで会わせてもらえなくて。だけどよその部屋には行きたくない。で、力道山先生が親方の後輩だったんですよ。

玉袋　それで日本プロレスに入ろうと。

北沢　でも最初は入れてもらえなかったんです。身体がちょっと小さかったんで。それで「大きくしてこい」ってことで、横浜のドヤ街に泊まりながら沖仲仕をやったんですよ。

玉袋　沖仲仕、出ました！
ガンツ　湾岸労働者ですね。
北沢　それで肉体労働をしながら、柔道をやったり、ボディビルのジムに通ったりしてね。それでやっと入れたんですよ。
玉袋　いや〜、いきなりトップスピードだよ。まず、お母さんを探すためにお相撲さんになって、全国に顔を売ろうとしたところが凄いし。ドヤ街住まいで沖仲仕やって苦労しながら、ようやく日本プロレスに入るって、この始まりの時点で映画になるよ。
椎名　結局、お母さんには会えたんですか？
北沢　ずいぶんあとになってですけど、会えましたね。
玉袋　会えたんですか！　よかった〜。
北沢　プロレスに入って10年目のある日、姉から電話があったんですね。おふくろが（横浜市の）綱島にいるってことがわかったって。
椎名　綱島じゃ、野毛の新日本プロレス道場からけっこう近いですね。
ガンツ　のちのリングス前田道場の最寄駅ですよ（笑）。でも当時の北沢さんは、日本プロレス時代ですもんね。
北沢　それで俺は夜中に訪ねて行ったんだけど、最初、おふくろは俺のことをわからなかったんですね。ちっちゃいときに生き別れてるんで。
玉袋　小学4年で別れて、次に会ったらプロレスラーになっているわけですもんね。
北沢　それで名前を言ったらビックリしてですね。ちょうどメキシコ遠征に行くことが決まってたんで、「メキシコに行かなきゃいけない」ってことを話したら、大きなバッグや下着なんかを揃えてくれて。ただ、そのあと53歳のときに脳溢血で亡くなったんですよ。自分は何もしてあげられないうちにね。

「ボクも玉袋筋太郎という芸名なんで、高崎山猿吉という素晴らしいお名前をいただいた北沢さんの気持ちがわかります」（玉袋）

玉袋　それは心残りですよね。でも会いにきてくれただけで、お母さまもうれしかったと思いますよ。
北沢　だといいんですけどね。それでメキシコに行ったら、3年間は日本に帰ってこないつもりだったんですけど、猪木さんが新日本を旗揚げするっていうので、1年しないうちに戻されたんです。
椎名　猪木さんから連絡があったんですか？
北沢　メキシコまで来てくれたんですよ。
ガンツ　「日本に帰って、俺の新団体に来てくれ」と、猪木さんがわざわざメキシコまで口説きにきてくれたと。
玉袋　それぐらい猪木さんも必死ですもんね。日プロでクーデ

ターを起こしたってことにされて、追放されたばっかりで。
椎名　ちょうど、日本プロレス末期にメキシコに行ったんですね。
北沢　そのちょっと前に藤波（辰爾）が入ってきたんですけど、もうその頃は派閥がひどくてね。
玉袋　どういった派閥に分かれてたんですか？
北沢　猪木派、馬場派、あとは吉村派で。
椎名　吉村道明さん。
ガンツ　カブキさんなんかが吉村派ですよね。それが芳の里社長の幹部派でもあって。
玉袋　北沢さんが猪木派になったのは、どういう理由だったんですか？
北沢　猪木さんとは入った頃から仲がよかったし、あの人はめちゃくちゃに強かったんです。やっぱりあの強さが魅力でしたね。
玉袋　同期に馬場さんもいたわけじゃないですか。当時見ていて、練習量は猪木さんに敵う者はいないと？
北沢　ほかの連中は猪木さんを嫌がって練習しなかったんですよ。荒っぽいし、強いし。
ガンツ　練習でもガンガン行くわけですね。
玉袋　北沢さんが日プロに入って、手取り足取り教えてくれた人は誰になるんですか？
北沢　大坪（清隆＝飛車角）さんと吉原（功）さんですね。あの人も強かったですね。あと長沢（秀幸）さんとか。昔の人は強かったんですよ。

ガンツ 北沢さんは日プロに入ってから、猪木さんの付き人だったんですか？

北沢 いや、入った頃は猪木さんもまだ若手だったから、俺はいろんな人に付いたんです。吉村さんにも付いたし、芳の里さんにも付きましたし。最後はトヨさんですね。

玉袋 出ました、豊登！

ガンツ だから北沢さんは豊登派でもあったわけですよね？

北沢 そうですね。付き人やっていましたから。

玉袋 豊登さんもまた破天荒な人だっていう。

北沢 もうめちゃくちゃですよ。「おい、おまえ、いまカネいくら持ってる？」って聞かれて「2000円しかないですよ」って言ったら、「いいからそれを貸せ！」って言われて（笑）。

玉袋 ひでー、若手のなけなしのカネまで持っていくというね（笑）。

椎名 「倍にして返してやる」って感じで（笑）。

北沢 だけど（博打で）勝ったときなんかは、けっこうな小遣いをくれましたよ。

玉袋 その豊登さんから、北沢さんは「高崎山猿吉」という素晴らしいお名前をいただいてるじゃないですか。ボクも師匠にいただいた「玉袋筋太郎」という芸名なんで、そりゃもう北沢さんの気持ち、上田馬之助さんの気持ち、林牛之助（ミスター林）さんの気持ち、全部わかるんですよ。

ガンツ 芸能史に残る名前と、プロレス史に残る名前で（笑）。

玉袋 北沢さんは元祖キラキラネームですから！ あれはどういうきっかけで高崎山猿吉となったんですか？

北沢 自分の郷里である大分県に、高崎山というサルがいる山があるんですよ。それで付けられたんですけど。

椎名 ただ、大分県出身というだけで（笑）。

北沢 だけど親父にも「どうしてそういう名前をつけたんだ？」って聞かれて（笑）。

椎名 それは言いたくなると思います（笑）。

北沢 でもジャニー喜多川さんのお父さんと、私は古い付き合いだったんですけど、その人だけは「いい名前だな」って言ってくれて（笑）。

「相撲取りっていうのはバケモノみたいに強いと思っていたんですけど、やっぱりレスリングと相撲は違うんですよね」（北沢）

玉袋 でも、いまは相撲でも翔猿っていうのが出てきたから、猿ブームの先駆けですよ（笑）。もちろん豊さんに命名されたらノーとは言えないわけですよね？

北沢 言えないですね。

玉袋 でも馬がいて、猿がいて、牛がいてっていうね。ある意味で凄い世界ですよ。

ガンツ　北沢さんはデビュー戦の相手が林牛之助さんだったんですよね？

北沢　いや、（マシオ）駒さんですね。

ガンツ　あっ、駒さんですか。ウィキペディアには「林幸一戦でデビュー」って書いてあったんですけど、それは間違いなんですね（笑）。

北沢　台東区体育館で、当時は10分1本勝負でしたよ。

玉袋　やっぱりデビュー戦はカチカチですか？

北沢　いや、それほどではなかったですね。いつも練習してる人だったから。練習してきたことをそのままやろうって。

玉袋　北沢さんは「強くなりたい」っていう向上心があったわけじゃないですか。それで同じ志を持った猪木さんに惹かれたと思うんですけど。一方で、のんべんだらりとやっていた先輩たちもいたと思いますけど。そういう人たちに最初の頃はやられていても、そこをひっくり返していく快感もあったんじゃないですか？

北沢　ありましたね。若手の頃は田中米太郎さんにいちばんやられたんですけど、あの人はレスリングはめちゃくちゃ弱いんですよ。

玉袋　ちゃんこはうまいけど（笑）。

北沢　ちゃんこはうまかったですね。でも、ちゃんこの煮えたぎったお湯をおたまでバーッとぶっかけられて、皮がベローって剥けたことがあったりして。

玉袋　うわっ、虐待じゃないですか。『ひょうきん族』のアツアツおでんどころじゃねえよ！（笑）。

北沢　あと沖縄に行ったとき、堤防で日光浴をしていたら田中さんが来てですね、2メートル以上ある高さのところからバーンと突き落とされて、自分はカカトの皮がベローっと剥がれたんですよ。それを誰かが大坪さんに言ったら、大坪さんは（マッチメーカーの）吉村さんより先輩だから「おい、今夜は田中と試合させろ」と言って。

ガンツ　若手を理不尽にいじめる田中米太郎は、俺がやってやると（笑）。

北沢　それでゴングが鳴ったら、もうパンチでボッコボコにして、田中さんの顔がこんなに腫れ上がってね。

玉袋　そんな制裁マッチがあったんだ〜。

北沢　そうしたら次の日はコザで試合だったんですけど、また田中さんと大坪さんの取組で（笑）。

玉袋　顔がこんなんなってるのに（笑）。

北沢　そうしたら試合前、田中さんが「坪やん、柔らかく頼みますよ」って言ってて。

玉袋　坪やん（笑）。

北沢　大坪さんはそんなの聞かずにボコボコにしてね。

玉袋 たとえば、道場での極めっこで先輩を抜いていくっていうのは気持ちいいものですか？

北沢 気持ちいいですね。

玉袋 そうすると向こうの態度も変わってきますか？

北沢 変わってきますね。でも強い先輩もたくさんいました。上田馬之助さんなんかは凄く性格がいい人で。あの人は身体が固いのに強かったんですよ。

ガンツ 極めが強いって言いますよね。

玉袋 あと、北沢さんのだいぶ後輩だと思いますけど、桜田（一男＝ケンドー・ナガサキ）さんも強いっていいますよね。

北沢 桜田は強いっていうより度胸がよかったんですよね。練習はそれほどしませんでしたよ。

椎名 生まれながらに強かったってことですね（笑）。

ガンツ そして「やってやるぞ」という気がまえがあるという。

玉袋 北沢さんから見て、当時はたくさんいた相撲系の人たちってどうだったんですか？

北沢 プロレスに入る前、相撲取りっていうのはバケモノみたいに強いと思ってたんですよ。だけどいざやってみると、やっぱりレスリングと相撲は違うんですよね。

玉袋 やっぱり寝技になったら違うか。

ガンツ 相撲出身の実力者でいうと、北沢さんはラッシャー木村さんのデビュー戦の相手も務めてますよね？

北沢 やってますね。

玉袋 すげえ、木村さんに胸貸してるんだ。

北沢 自分は相撲も好きだったんで、相撲の稽古を木村としたことがあったんですけど、めちゃくちゃ強くてですね。

ガンツ やっぱり木村さんは強いんですね。

北沢 でもレスリングはごまかされちゃうんですよね。けっこう鈍いところがあったんで。

玉袋 それはのちに木村さんが国際プロレスのエースになっても試合運びとかにちょっとぶきっちょなところが出たり、猪木さんみたいに流れるような動きじゃなかったもんな。

北沢 猪木さんとやっても力を出させてもらえないですよ。猪木さんはレスリングが本当に強かったので。

「東京プロレスの板橋事件。もう暴動の伝統は新日本旗揚げ前の東京プロレスから始まってたんだね」（椎名）

ガンツ 木村さんとは、一緒に東京プロレスにも行ってますよね？

北沢 俺は「木村とマサ斎藤を引っ張れ」ってトヨさんから言われたんですよ。「いやー、大変だな……」って思ったんですけど、ふたりに言ったら来てくれて。

ガンツ 天下の日本プロレスから、明日をも知れぬ東プロに引っ張るって大変ですよね（笑）。

玉袋　東京プロレスっていうのは豊登さんが借金を作りすぎて、日プロを出ることになって作ったんですか？

北沢　最終的にはそうですね。

ガンツ　それで北沢さんは豊登派だからってことで引っ張られたと。

北沢　ホテルニューオータニに呼ばれて、「木村と斎藤は絶対にこっちに連れてこいよ」と。

ガンツ　親分から言われたら「ハイ」と言うしかないですよね（笑）。

玉袋　そのとき北沢さんはおいくつだったんですか？

北沢　23くらいですね。

玉袋　そこで人を引っ張ってこいなんて大役は厳しいですよね。

ガンツ　しかも東京プロレスって、旗揚げの時点で豊登さんが資金をすべて使ってたっていう（笑）。

玉袋　でも、その旗揚げ戦がいちばんの名勝負って言われている猪木vsジョニー・バレンタイン戦だったわけじゃないですか。試合自体は素晴らしいスタートを切ったにもかかわらず、もう豊登さんがお金を使い込んじゃってる。それでも興行は打っていかなきゃいけないってことで、北沢さんは不安を感じたりはしていたんですか？

北沢　感じましたね（笑）。

ガンツ　給料はほぼ出ていなかったんですよね？

北沢　本当に小遣い程度ですね。でも、あの頃はスポンサーみたいな人もいたので、食うにはそれほど困らなかったんですけど。

玉袋　旗揚げのとき、北沢さんは誰とやられたんですか？

北沢　田中忠治っていう人がいたんですよ。

ガンツ　豊登さんの番頭さん的立場だった人ですよね。

北沢　自分にとっては大先輩で、人はいいんだけど、トヨさんと一緒でいい加減な人だったんです。

ガンツ　いい加減な師弟コンビだったんですね（笑）。

北沢　寝ていたら夜中に「ちょっと悪いけど、５０００円貸してくれない？」って。

玉袋　やってることが豊登さんと一緒だよ（笑）。

北沢　もう貸したら絶対に返ってこないから（笑）。

玉袋　猪木さんはそういう人たちに「ちょっとおまえ、しっかりしろよ！」って注意はしなかったんですか？

北沢　いや、猪木さんよりも田中さんが先輩なんですよ。

玉袋　あっ、そうか。じゃあ、言えないですよね。

ガンツ　猪木さんは23歳の若きエースですもんね。

玉袋　それで東プロは、もう旗揚げシリーズで暴動が起きるわけだろ。

ガンツ　試合当日、興行が始まる時間を過ぎてから中止が決まって、怒った観客がリングに火をつけた「板橋事件」ですよね。

北沢　あのとき、自分が猪木さんに「試合をやりましょう」と言えば、猪木さんもやってくれたと思うんですよ。だけどプロモーターがカネを払ってくれないから感情的になっていて、「じゃあ、やめよう！」と。それで選手たちが試合をしなかったらああいうふうになったんですね。

ガンツ 売り興行で、前売りが芳しくないからプロモーターがお金を払わなかったんですよね。

玉袋 それでカネ払わないなら試合しねえってなったら、火をつけられちゃうんだから、とんでもないよな（笑）。

椎名 もう、暴動の伝統は新日本旗揚げ前の東京プロレスから始まってたんだね（笑）。

「芳の里さんにはずいぶんよくしてもらっていて、自分が東プロに行くときも泣いてくれましたね」（北沢）

玉袋 で、結局、東京プロレスはすぐに崩壊になるわけじゃないですか。

ガンツ 北沢さんは東プロ末期に、社長もやらされたんですよね（笑）。

北沢 そうですね（苦笑）。

玉袋 雇われ社長もいいとこだし、どんな貧乏くじですか（笑）。その人事は猪木さんですか？

北沢 猪木さんですね。

玉袋 まあ、何かあったときにしょっぴかれるのは北沢さんだっていう（笑）。

北沢 そこまで考えてはいなかったと思うんですけど。

ガンツ 猪木さんは東プロの別会社を作ったんですよね。

椎名 なんで？

ガンツ 豊登さんがあまりにもずさんなことをやっていたんで、猪木さんが自分で別会社を作ってちゃんとやって、元の東プロの興行会社を切り捨てようっていう。それで切り捨てる前の工作として、とりあえず北沢さんを社長に置いておこうっていう（笑）。

椎名 なるほど（笑）。北沢さんと猪木さんはコンビだったわけですね。

ガンツ それで北沢さんが社長として、豊登さんと新間親子を告訴するんですよね。

北沢 あれもかなりツラかったですね。

ガンツ お世話になった豊さんを、社長だから自分名義で訴えるわけですもんね。業務上横領で。

北沢 いろんなことがありましたね（苦笑）。

玉袋 あれから新間（寿）さんは、日光の銅山で3年間鉱夫になるわけだからな。普通ならそこでもう猪木さんには絶対に付かないと思うんだけど、新日本でまたくっつくところが不思議なんだよなー。それを北沢さんが間近で見てたっていうのがおもしろいですよ。

北沢　腐れ縁なんですかね（笑）。

玉袋　そして東プロが崩壊したあと、猪木さんが日プロに戻るわけじゃないですか。北沢さんもそれに付いていった感じなんですか？

北沢　自分は「戻りたい」ともなんとも言ってなかったんですけど、猪木さんに「おい、帰るから」って言われて、行くことになったんですよ。で、東プロのメンバーをみんな連れて行くわけにはいかないから、結果的に永源（遥）と柴田（勝久）を連れて行くことになって。猪木さんは、寺西（勇）もほしがっていたみたいなんですけどね。

ガンツ　だから1981年に国際プロレスが崩壊したとき、猪木さんが、ラッシャー木村、アニマル浜口とともに、寺西さんを新国際軍団として引っ張ったのは、東プロのときに日プロに連れて行ってやれなかったから、とも言われていますよね。

玉袋　なるほどな〜。

ガンツ　東プロ崩壊後、猪木さんが日プロに連れて戻ったのが、北沢さん、永源さん、柴田さんの3人。そして木村さん、寺西さんは国際に行き、マサ斎藤さんはアメリカで一匹狼になるんですよね。

椎名　マサさんはそこでアメリカに行くんだ。

玉袋　いや〜、それにしても話が濃い！　これでまだ新日本が旗揚げしてないんだから。リングスにたどり着くまで大変だぞ、これは（笑）。

ガンツ　時系列で言うと、まだ1967年ですからね（笑）。

玉袋　俺が生まれた年だよ！（笑）。それで北沢さんは日プロに戻ってどうでしたか？　出戻りで気まずいなっていうのはありました？

北沢　まあ、裏切って出て行ったので、何を言われても仕方がないと思っていたんですけど、社長の芳の里さんは凄くよろこんでくれたんですよ。

玉袋　そうなんですか。

北沢　もともと芳の里さんにはずいぶんよくしてもらっていて、東プロに行くときも「辞めます」と言いに行ったら、泣いてくれましたね。「俺たちが至らぬばかりに嫌な思いをさせて悪かったな。帰ってきたいときはいつでも帰ってこい」って。それで東プロに行ったほかの連中はみんな除名だったけど、自分だけは除名にならなかったんですね。

玉袋　それは北沢さんの人柄あってのことなんでしょうね。

北沢　ただ、ミスター珍さんからは皮肉を言われましたけどね。

玉袋　出たよ、ミスター珍（笑）。

北沢　ミスター珍さんは、よく若いのをいじめていたんですけど受け身がうまくてですね。自分もあの人のおかげでうまくできるようになりましたね。

椎名　カッコいいですね（笑）。

北沢　ただ、大阪で巡業のときに「おい、串カツを食いに行こう」って珍さんに誘われたんですけど、ジャニー喜多川さんのお父さんに呼ばれていて行けなかったんですよ。それを珍さんが根に持って、2〜3年はそればかり言われてましたね（笑）。

椎名　なかなかの粘着質ですね（笑）。

「力道山先生はただひたすら怖かったですね。道で会って挨拶しただけでもゲンコツか、張り手でしたから」（北沢）

玉袋　あの時代だもん。クセがある人が多いんだよな〜。

北沢　珍さんと自分の試合が組まれたときも、張り手をバンバン出してくるんですけど、ボクシングをやってるからよけるのは簡単なんですね。「やるならやれよ。こっちもやってやる！」と思って、逆エビ固めが極まったのはわかったんですけど緩めてね（笑）。

ガンツ　生かさず殺さずで（笑）。でも、いじめられないようにするには、リングでそうやるしかないってことですよね。

玉袋　北沢さんはボクシングもやられていたんですか？

北沢　自分はエディ・タウンゼントさんにボクシングを習ってたんで。

玉袋　出ました！　それは力道山先生がエディさんを呼んだあとですよね？

北沢　そうですね。力道山先生がリキジムに呼んで。自分も藤猛とスパーリングをやりましたよ。思いっきり打ってこないんでやりやすかったですね。

玉袋　あのハンマーパンチの藤猛と、ボクシングのスパーリングしてるんだ。すげえな（笑）。それは北沢さんがボクシングをやってみたいっていう気持ちがあったんですか？

北沢　はい。辻本英守っていうボクサーがいて、大阪の大星ジムにいた頃はあまりいい成績を残せなかったんですけど、リキジムに入って、エディさんに習ってから強くなったんですね。そういうのを見ていたんで。

椎名　それでボクシングもやって、寝技もやって、いまの総合格闘技ですね（笑）。

玉袋　じつは北沢さんも先駆けだってことだよな。

北沢　沖縄巡業に行ったとき、空手道場に連れていかれて、トヨさんに「空手のヤツとやれ！」って言われてやったんですよ。

玉袋　沖縄空手と他流試合ですか！　どうなったんですか？

北沢　極めて勝ちましたけどね。

玉袋　すごーい！

北沢　事前に沖識名さんからも聞いてたんですよ。「空手の連中は極め技に弱いから、1発、2発、蹴りや突きをもらっても大丈夫だから。組みついて首をギュッとやればすぐ極まるぞ」って。それで最初は嫌だったけど、2回目くらいからはおもしろくなっていきましたね。

椎名　道場破りがおもしろくなっていったんですか（笑）。

玉袋　北沢さんの力道山先生との思い出もちょっと聞きたいんですけど。

北沢　いやあ、ただひたすら怖かったですね。道で会って挨拶しただけでもゲンコツか、張り手でしたから。あのゲンコツの味をいまでも憶えてますよ（笑）。

玉袋　ゲンコツの〝味〟っていうのがいいですね（笑）。

北沢　もの凄かったですよ。

玉袋　なんで、弟子の顔を見ただけで殴るんだろうな（笑）。

北沢　先生に言わせると「かわいいから殴るんだ」って。

玉袋　かわいいから（笑）。北沢さんが力道山先生が存命の間に関わられた年数っていうのは、どれくらいなんですか？

北沢　2〜3年ですね。あの頃、芸能界の人たちも力道山先生のところによく来ていたんですよ。村田英雄先生なんかは、片男波親方に紹介されて「これは俺の国者の若いヤツだからよろしく頼むね」って言われてよく来るようになって。それから自分も村田先生にはずいぶんよくしてもらいましたね。

玉袋　いい話だなー。

ガンツ　出てくる名前が凄い人たちばかりですね（笑）。

玉袋　村田先生だって当時はもう大スターですよね。さっきのジャニーさんの話だって、百田光雄さんに聞いたら、最初のジャニーズの人たちが力道山先生のところに挨拶に来てたって。

北沢　来てましたね。ジャニーさんは凄くやさしくて、いい人でした。メリーさんは厳しい人でしたけど（笑）。

玉袋　北沢さんが、ジャニーさんやメリーさんと交流があったっていうのが凄い。そのときジャニーさんが北沢さんに「ユー」って言ったかどうかはわかんないけど（笑）。

椎名　のちに北沢さんはU（WF）に行くし（笑）。

玉袋　当時はプロレスも「芸能」っていう、大きな社会の一員だったということですよね。

ガンツ　では、ちょっと話を戻しますけど。北沢さんは東プロから日プロに戻ったあとは、ケガにも悩まされたんですよね？

北沢　あれはケガするような場面ではなかったんですけど。バトルロイヤルをやったとき、ちょっとの気のゆるみからヒザをやっちゃって、1年2カ月休んだんですね。

椎名　靭帯かなんかですか？

北沢　靭帯ですね。

ガンツ　藤波さんが、北沢さんにプロレス入りを直談判するために訪ねて来たのは、その療養中だったんですか？

北沢　そうですね。

ガンツ　16歳の藤波さんが、北沢さんが別府温泉で療養しているという情報を聞きつけて、旅館を1軒1軒、しらみつぶしに

KING of SPORTS
NEW JAPAN PRO-WRESTLING

訪ねて行ったという（笑）。

北沢　藤波は国東から別府まで自転車で来たみたいですね。40キロくらいあるのに（笑）。

玉袋　ちょっとしたツール・ド・別府だよ。

椎名　ツール・ド・ドラゴン（笑）。

「引退して10年以上も経っている北沢さんがヴォルク・ハンにも極められなかったのは幻想が高まりますよ」（ガンツ）

ガンツ　別府温泉の旅館なんてもの凄い数があるじゃないですか。

玉袋　星の数ほどだよ。日本一の湯量を誇るところなんだから。

北沢　よく自分の居所がわかったなと思いましたよ。

玉袋　それは藤波さんの引き寄せる力だったんだろうな。

ガンツ　でも16歳の少年で、格闘技歴もない人をよく引き受けましたね。

北沢　身体は細かったんですけど骨組みは太くてですね。面構えがフリッツ・フォン・エリックみたいな顔をしていたんですね（笑）。

ガンツ　ちょっと彫りが深いっていう（笑）。

北沢　だから一応、「日プロが下関に巡業に来るときに来なさい」って言っておいて、猪木さんに紹介したんですよ。そうしたら猪木さんは日プロの大スターになっていたから、猪木さんが「いい」と言えばよくなるんで。

玉袋　それで藤波さんはボーヤとして、付いていけることになったんですね。

北沢　ミツ・ヒライさんなんかは、藤波を連れて行ったらそっぽを向いていましたけど。

ガンツ　「どこのヨカタを連れてきたんだ？」みたいな。だから北沢さんの口添えがなければ、藤波さんは絶対に入れなかったわけですよね。

北沢　運でしょうね。自分もよく入れたなと思いますよ。74キロくらいしかなかったので。

玉袋　その頃、日プロはBI砲全盛期だと思いますけど、その後、幹部の放漫経営が問題になっていくわけじゃないですか。北沢さんもそういうカネの匂いとか、人間が変わっていく様子は感じていたんですか？

北沢　感じていましたね。やっぱり人って変わっていきます。俺は猪木派ですけど、馬場さんにもずいぶんよくしてもらったんですよ。日プロが割れるときも、馬場さんがマシオ駒さんに「アイツをこっちに引っ張ることはできないか？」って言って、駒さんが「いや、絶対に動かないよ」って言ったことで収まったんですけどね。横浜の体育館なんかで試合があると、馬場さんが大熊（元司）に言って俺を誘えと。それで食事に連れて行ってもらったり。

ガンツ 馬場さんの指令で大熊さんが動きましたか（笑）。

玉袋 票集めの工作だよな。こないだの自民党総裁選じゃないけど。

北沢 それで帰りに小遣いで2万円くらいくれたんですよ。あの頃の2万円ですからね。

椎名 さすが馬場さん、お金を持ってますね（笑）。

玉袋 馬場さんはまわりに対する人当たりっていうのは、厳しい人ではなかったんですか？

北沢 全然厳しくないですね。練習もそんなにガッチリやるタイプではない。自分は馬場さんと練習をやって極められたのは1回しかないですよ。馬場さんはレスリングはあまり強くはなかったですね。

椎名 グラウンドレスリングってことですね。

玉袋 馬場さんと極めっこをやってたっていう、北沢さんが凄いよ。力道山道場三羽烏でいうと、大木金太郎さんはどうでした？

北沢 あの人もガチンコが好きでね。あるとき、自分が旅館で昼寝をしてたら、冗談のつもりなのか、急に寝技で極めてきたんですよ。そこからガチンコの練習になって、下の畳はバリバリに剥がれて、大木さんはヒザを擦りむいてましたね。その後、猪木さんに「ちょっと大木さんが仕掛けてきたんで、やっちゃいました」って言ったら、「ああ、よくやったな」って（笑）。

椎名 "猪木の兵隊"として報告したんですね（笑）。

北沢 自分が先輩とやっても極められないのは、猪木さんとずっとスパーリングをやらせてもらったおかげですね。だからデビューして2〜3年ぐらいしてからは、もう猪木さん以外には腕を極められたことはないですから。

玉袋 すげー！

ガンツ 北沢さんは、のちにリングスの道場でヴォルク・ハンとスパーリングをやっても極められなかったという伝説がありますよね。

北沢 あれは彼の試合を観てなかったらやられてたと思いますね。彼の試合を観て、どういう技を持っているのかわかっていたので、極められずにすみましたけど。

ガンツ でも、引退してから10年以上も経っている北沢さんがハンにも極められないって、幻想が高まりますよ。

北沢 あのときは（アンドレイ・）コピィロフも自分とハンがやるのを観てましたね。

椎名 ミスター珍からコピィロフまで（笑）。

玉袋 幅が広いよ（笑）。

玉袋 あと、カール・ゴッチさんの印象もちょっと聞きたいなと思うんですけど。

北沢 ゴッチさんには凄くよくしてもらいましたね。日プロのときに金山体育館で会ったのが最初なんですよ。ガイジンなんかはビビってゴッチさんのそばに寄らないんですよ。でも自分はどんどん練習をお願いに行くんでよろこんじゃって、なかなか離してもらえなくなりました。

椎名　教え魔なんですね。

「倍賞千恵子さんが高倉健に会わせてくれるって言ってたけど、とうとう実現しなかったですね（笑）」（北沢）

玉袋　ゴッチ教室はどうだったんですか？

北沢　いつも日プロの道場で、朝8時から昼12時くらいまで練習をやっていて、日曜は休みだったんですけど。たまに写真撮影が入るとかで、日曜も練習がある日があったんですよ。自分は前日、土曜夜にオールナイトの映画を観て、帰りにコーヒーとぶどうパンを買って朝食にしたんですね。それで少し休んでから道場に行ったら、ゴッチさんに「コイツ、酒飲んでる！」と言われたんですよ。

玉袋　あっ、ぶどうパンで。

椎名　ワインと同じ匂いがしたんですね。

北沢　「俺、酒飲まないんだけど」って言っても納得しないんですよ。それでゴッチさんが芳の里さんに電話をして、「若いヤツが酒を飲んで練習に来てる。どういうことなんだ！」って言ったら、芳の里さんも「そんなヤツは徹底的にしごいていいか

ら」って言うんで、そこで自分はめちゃくちゃにしごかれたんです。ゴッチさんとのスパーリングでは、口の中は引き裂かれるわ、目の中に指を入れられるわで。

玉袋 ひでぇ（笑）。

北沢 それで30分以上やりましたね。でもゴッチさんは俺のことを極められないんですよ。そうしたらミツ・ヒライさんがそばに来て「おい、参ったしろ！ 参ったしろ！」って言うんで、腕を取られたときにギブアップしたら、ゴッチさんが「コイツは極まっていないのにギブアップした！」って、また始まっちゃって（笑）。

椎名 そんな人だったんですね（笑）。

北沢 芳の里さんは恩人だけど、そのことが頭にあって、芳の里さんが道場に来たときにリングに上げて、めちゃくちゃにやっちゃったんですよ。「練習、お願いします！」って言って、寝技で亀になってるところを持ち上げて、頭から落としたりして。猪木さんからも「何かあったら俺が全面的に責任を持つから、やっていい」って言われてたんで。

椎名 猪木さん、責任を取らなさそうですけどね（笑）。

ガンツ でも、それで芳の里さんをスパーリングで仕返しするって、凄い武勇伝ですね（笑）。

玉袋 武勇伝だらけだよ。ちょうどいま、小林邦昭さんがスポーツ新聞で昔を振り返る連載コラムをやってるけど、そこにも「北沢さんに極められた」って書いてあったしね。

北沢 アイツはとっぽいところがあってね。トヨさんが旗揚げ当時の新日を手伝っていたとき、「相撲の稽古をするから、誰でもいいから相手を選べ」って言ったら、小林はトヨさんを選んだんですよ（笑）。

ガンツ 新弟子のぺーぺーが、豊登さんを逆指名（笑）。

北沢 もちろん、押しても引いても動きませんでしたけどね。それでやったあとに言うことがまたいいんですよ。「いやー、豊登さんは試合でモタモタしてるから弱いと思ったんですけど、強いですねー」って（笑）。

椎名 小林さんもけっこうなトンパチなんですね（笑）。

ガンツ 16歳の少年が、豊登さんとやってそれを言うって（笑）。

玉袋 ちびっこハウスの健太くんみたいなもんだよ。旗揚げ当時に猪木さんがよく言われていたことはありますか？ 理想の団体とか。

北沢 ハッキリは言わなかったですね。みんなもわかってると思っていたんじゃないですか？ ただ、「俺たちは兄弟なんだから」っていうのはよく言ってましたけど。

椎名 旗揚げ当時のメンバーに対しては、猪木さんも「兄弟」っていう意識があったんですね。

ガンツ だから初期の新日本は、お金はなかったけど、みんな一致団結していて、凄く雰囲気がよかったって言いますもんね。

玉袋　そうだよな。倍賞美津子が〝女将さん〟をやってるんだから。

北沢　新日本旗揚げ前、メキシコにいるときに柴田のところに倍賞さんから電話があったんですよ。「ふたりとも、変な契約は結ばずにすぐ帰ってきてね」って。それで自分がグアテマラに行かされる予定だったんですけど、キャンセルしたんです。

玉袋　でも、そうやって倍賞さんまで猪木派の選手をしっかり固めようと動いてるんだから、夫婦で必死だよ。初期新日は、倍賞姉妹が宣伝カーのウグイス嬢もやってたっていうんだからさ。

北沢　当時、倍賞千恵子さんが高倉健に会わせてくれるって言ってたけど、とうとう実現しなかったですね（笑）。

椎名　健さんに会いたかったですか（笑）。

玉袋　そりゃ健さんに会いたいだろ。俺だって会いたかったよ。でも、苦しいけど前向きで夢があったってことだよな。

椎名　だから新日本はうまくいったんですね。

ガンツ　初期新日本のメンバーはみなさん、「あの頃がいちばん楽しかった」って言いますもんね。

北沢　やっぱり若いときは楽しいですね。身体も元気だし。みんな燃えていましたよ。

玉袋　そこに若い衆もどんどん入ってくるわけですけど、当時の若手でいちばん印象に残っているのは誰ですか？

北沢　やっぱり藤原（喜明）ですかね。

玉袋　出ました！

北沢　アイツは新日に入る前、金子（武雄）さんのところで練習をやっていたんですよ。

玉袋　横浜のスカイジムですね。

北沢　金子さんに寝技なんかも習っていたんで、入門したらすぐにデビューして。試合運びなんかもうまいんですよ。それに料理もうまいし。ただ、ちゃんこ番のときは「さあ、メシを炊こうか！」って言いながら、ペッペッて手のひらにツバを吐くんですよ（笑）。

椎名　プロレスのときもそうでしたよね（笑）。

北沢　「汚いだろ！」って、クレンザーをつけて手を洗わせてね（笑）。

「マサ斎藤のデビュー戦の相手をしたとき、もし負けるようなことがあったら辞めようと荷物をまとめていたんです」（北沢）

玉袋　いまはとにかく手洗いがいちばん大事ですからね（笑）。その藤原さんと仲がよかった、（ドン）荒川さんっていうのはどうだったんですか？

北沢　アイツはおっちょこちょい。

玉袋　まんまですね（笑）。

北沢　おだてるとなんでもやるんですよ。ちゃんこのとき、どんぶりでメシを12杯食って、味噌汁をバケツに2杯入れたりして。

椎名 バケツで食べたんですか（笑）。

ガンツ トンパチなイメージのまんまですね（笑）。

玉袋 グラン浜田さんなんかは体格が恵まれていなかったということで、練習も凄かったんですか？

北沢 練習はよくやりましたね。だけどあれにはすぐに「カネを貸してくれ」って言われて。

玉袋 またですか（笑）。

椎名 浜田さんもギャンブラーですもんね（笑）。

北沢 貸したのはいいけど、あれも忘れてるんですよ。

椎名 絶対に憶えてますよ（笑）。

北沢 だから返してもらうほうも気分が悪いんですよ。

ガンツ 「借りましたっけ？」って言いながら、不満そうに返してくるっていう（笑）。

玉袋 坂口征二さんの印象はどうですか？

北沢 日プロのときからよく知っていたし、斎藤の同級生なんですよ。

椎名 明治大学の同級生ですよね。

北沢 こないだも三澤整骨院で会って話をしたんですけど、柔道時代、東京オリンピック出場を決める全日本選手権の決勝で神永（昭夫）と試合をやりましたよね。あのときは勝っていた試合なのに最後の最後で大内刈りかなんかで負けて、オリンピックに行けなかったんですよ。だから「あれ、ガチンコだったの？」って聞いたら「いや、それなりに」って言ってて（笑）。

ガンツ それなりに（笑）。

北沢 明治っていうのはそういうのがあったみたいですね。まだ若いからオリンピックは次でもいいだろっていう。

ガンツ その神永さんがアントン・ヘーシンクに負けて、「日本柔道の敗北」って言われたじゃないですか。マサさんなんかは「坂口が出ていたら金メダルだったのに」って言ってました。「あれだけの体格があって、パワーでも外国人に対抗できるのは坂口だ」って。

玉袋 柔道の中でも格というか、そういうのがあったんだね。

北沢 腕相撲なんかも凄い強いですよ。

玉袋 レスリングのほうはどうでしたか？

北沢 レスリングはやっぱり合わないんじゃないですかね。

ガンツ あとはあまり練習しなかったっていう（笑）。

北沢 まあ、そうですね（笑）。

玉袋 その伝説はホントだったんだな（笑）。マサ斎藤さんはどうでした？

北沢 マサ斎藤は、札幌で私がデビュー戦の相手をしたんですよ。道場で練習をやっていて大丈夫だなと思ってたから受けて、試合で腕を極めてやったんですけど、アイツは本当の力を出してないような感じがして。こっちは「もし負けるようなことがあったら辞めようかな」と思って、荷物をまとめていたんです

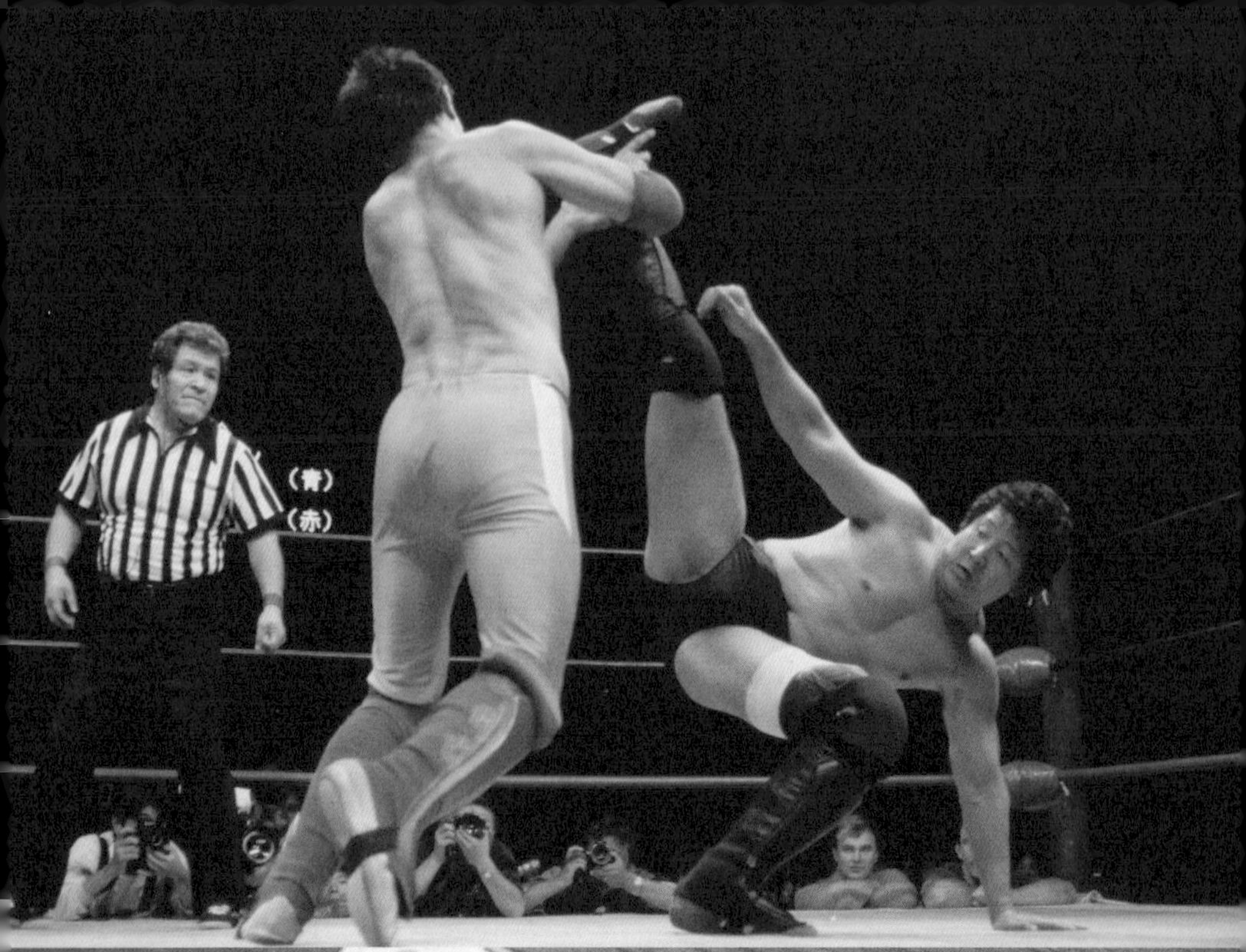
(青)
(赤)

2020/09/26

けどね。いなくなろうと思って。

ガンツ　当時の日プロの前座っていうのは、いわゆるセメントだったということですか？

北沢　そうですね。

玉袋　相手がオリンピック選手であろうと、先輩である自分がデビュー戦の相手にセメントで負けたら、辞めようと思っていたってことですか。すげえな〜！

ガンツ　しかも、北沢さんは後輩のデビュー戦の相手をたくさんやってるじゃないですか。

北沢　先輩のマシオ駒さんが、「北沢とデビュー戦をやったら辞めていったり、逃げ出したりしないから」っていう変なジンクスを噂で流したんで、やたらみんなやりたがるんですよ（笑）。

椎名　縁起がいい相手として（笑）。

北沢　それで山形から出て来た高橋っていう新弟子がいたんですけど、親がお金を包んで「デビュー戦の相手をお願いします」と言ってきたんですよ。カネを取るわけにもいかないし、「自分が決めることじゃないから」って断りましたけどね（笑）。

「敵の会社のジャパンライフには第1次UWFを辞めたあとの新間さんがいたりするわけだもんな」（玉袋）

ガンツ　北沢さんは、山本小鉄さんのデビュー戦の相手もやられてますよね？

玉袋　小鉄さんのデビュー戦まで相手してるんですか。凄いなあ。

ガンツ　小鉄さんはどれくらい後輩だったんですか？

北沢　1年くらいだと思いますね。星野（勘太郎）が私とほぼ同期なんですよ。それで自分が東プロに行ったときはずいぶん心配してくれましたよ。いろんなスポンサーに「アイツだけはよくしてやってください」って言ってくれたりして、いいところもあるんです。星野とは普段は仲悪いんですけどね。性格が全然違うんで。

椎名　それはなんとなくわかります（笑）。

ガンツ　北沢さんは、新日本の絶頂期である1981年に引退されていますよね。引退の理由はなんだったんですか？

北沢　首を痛めて握力が全然なくなってたんですよ。ごまかしながらやってたんですけど、猪木さんにはすぐわかったんですね。「コイツはどっか痛めてるな」って。

椎名　首は練習でやっちゃったんですか？

北沢　試合か練習かはちょっとわからないんですけど、だんだん悪くなっていって、もう力も全然入らなくなったから、スパッと辞めたんですよ。ただ、辞めたあとも、いろんな仕事に恵まれて、いい思いをしましたよね。

ガンツ　辞められてからすぐ、ご自身で内装業を始めたんですか？

北沢　いや、内装業はもっとあとからですね。山口県に友達がいて、その人が磁気マットの仕事をやっていて「儲かるから」っていうのでやったら、けっこうおもしろい仕事だったんですよ。「これは宗教団体なのかな？」って思ったんですけど、そうではなくてですね。最初の1カ月目に給料が160万だったんですよ。

玉袋　すごーい！

椎名　磁気マットがそんなに売れたんですか。

北沢　いま話題のジャパンライフの敵の会社ですよ（笑）。

玉袋　そのジャパンライフは、第1次UWFを辞めたあとの新間さんがいたりするわけだもんな。

ガンツ　北沢さんは、その磁気マットの仕事をしながら第1次UWFのレフェリーもされていたんですか？

北沢　いや、仕事を辞めてレフェリーになったんですよ。UWFに吉田稔っていう社員がいたんですけど、そいつの奥さんとウチのやつが凄く仲よかったから、断りきれなくて。それでUWFは巡業もあったので、両方やることはできませんでしたね。それで「またプロレスの世界でがんばろう」と思ったとき、たまたま佐山（サトル）に会ったんですよ。

ガンツ　佐山さんが新日本を辞めたあとですか？

北沢　そうです。自分の借りている広い駐車場で、佐山が一生懸命キックの練習をしていたんですよ。それで話しかけて、ウチに呼んで一緒にメシを食ったら「じつは、これこれこういうわけで」って話をされて。その後、ショウジ・コンチャって男を紹介されたりして。だからUWFに佐山を引っ張ったのは自分なんですね。

玉袋　そうだったんですか！

椎名　たまたま駐車場で会っちゃうのが凄いですね（笑）。

北沢　佐山とはそんな縁があったので、のちにいろんな面で助けてもらいましたよ。こんな歳になるまで、いいギャラでレフェリーとして呼んでくれたりね。前田や藤波にも助けてもらいました。

ガンツ　その後、リングスでふたたびレフェリーをやることになるんですよね。

北沢　そうですね。UWFのあとには内装の仕事をやっていたんですけど、前田に頼まれたんです。たまたま益荒男の断髪式を国技館でやったとき、前田、髙田（延彦）、山崎一夫も来ていたから、一緒にメシを食ったら、なんだか雰囲気がおかしかったんですよ。そうしたらあとで前田から電話がきて、「髙田たちとは別れて、今度、自分でリングスという団体を立ち上げるので、レフェリーをやってください」と言われたんです。それで試合は1カ月に1回だと言うから、それなら大丈夫かなと思って引き受けたんですよ。

ガンツ　断髪式で会ったのは、ちょうどUWFが分裂したときだったんですね。

北沢　別れたなんてこっちは全然知らなかったけど、あとで前田の電話で知りました。それでリングスで7年間レフェリーをやって。最高で1日8試合裁いたこともありましたよ。

ガンツ　リングスで1興行全試合を裁くのは、大変ですよね。

北沢　また、試合によってルールが違うんですよ。

椎名　キックルールがあったり、バーリ・トゥードもありましたもんね。

北沢　それで社長の黒田（耕司）さんに「ギャラを10万下げてもいいから、もうひとりレフェリーを増やしてください」って言って、それで増やしてもらったんですよ。もともとレフェリーをやるときに前田が「ギャラは30万でいいですか？」って言うんで、「おまえ、レフェリーで30万なんて、ボクシングの世界タイトルマッチでももらうヤツいないよ」って言ったんだけど、「いいですから」って。それで税抜で30万払ってくれてたんです、7年間ずっと。

「前田さんが若い頃に世話になった北沢さんをレフェリーで使って、ずっと30万円払ってたっていう話はグッとくる」（玉袋）

玉袋　前田さんのそういうところが素晴らしいですよね。でも、リングスは世界中から札つきが集まっていたわけじゃないですか。オランダ勢なんてルールも守らないし、大変だったんじゃないですか？

北沢　そうそう。本当にオランダの連中は大変でしたよ。

ガンツ　誰がいちばん手がつけられなかったですか？

北沢　ヘルマン・レンティングですね。

玉袋　出ました、レンティング！

椎名　元祖・路上の王だよね（笑）。

北沢　レンティングを六本木を連れて行ったら、外国人とすれ違うたびにガンをつけるんですよ。

椎名　六本木に外国人なんていっぱいいるじゃないですか（笑）。

北沢　ウィリー・ピータースも生意気なヤツでね。あんまり悪いんで、道場でめちゃくちゃにやったら……。

椎名　えっ、北沢さんがやっちゃったんですか？

北沢　はい。そうしたらほかのヤツも見ていて、レンティングに「じゃあ、おまえもやるか？」って聞いたら「やらない」って言ってて（笑）。でも、やっていたら大喧嘩になってたかもしれないですね。やらなくてよかったですよ。

玉袋　ピータースを道場でシメちゃう北沢さんが凄すぎる！（笑）。

ガンツ　あと正道会館も入ってきて、佐竹雅昭vs長井満也の裁定で揉めたじゃないですか？

北沢　パンチでやったのに「パンチじゃない」って言い出してね。

ガンツ　あれは掌底の前にあきらかに素手でパンチを入れてましたよね（笑）。

椎名　だけど石井館長が抗議して佐竹のKO勝ちにしたんでしょ？（笑）。

ガンツ　掌底でKO勝ちってことになりました（笑）。

玉袋　あとジェラルド・ゴルドーとかもパンチを入れちゃってさ。なんでルールを聞かねえんだよって。オランダは悪いよな。ディック・フライはどうだったんですか？

北沢　あれもよくなかったですね。

椎名　絶対によくないでしょ（笑）。ハンス・ナイマンもそうですよね？

北沢　よくないですね（笑）。

ガンツ　マシンガンで蜂の巣にされて最期を迎えた人ですからね。

玉袋　アウトレイジだよ（笑）。

椎名　意外とゴルドーがいちばんまともだったりして（笑）。

ガンツ　それと比べてロシア、グルジアは大丈夫でしたか？

北沢　グルジアは凄くよかったですね。ただ、ロシアとオランダがまた仲悪くてですね。

ガンツ　覇権争いが起きて（笑）。

椎名　そうだよね。最初はリングスはオランダの時代だったけど、そこにハンが来ちゃって、ロシアのほうが上になったもんね。

北沢　試合で腕を極められてるからレフェリーストップしたんですよ。もうこれ以上やったら折れちゃうと思って。そうしたら、完全に極められてるのに参ったしないんですよ。そんなので揉めたこともありますね。

ガンツ　リングスは、ロシアとオランダでホテルの場所も全然違ったんですよね。

玉袋　その後、KOKルールになって、ブラジルとかが入ってくるのか。

ガンツ　KOKの頃には、もう北沢さんはレフェリーを引退されていたんですよね？

北沢　もう内装の仕事がめちゃくちゃに忙しくなったので、1997年に辞めたんですよ。

ガンツ　それで途中から島田裕二さんが来て。

椎名　品が下がって（笑）。

ガンツ　そのあとに和田良覚さんが入ってきて、北沢さんは引退ですよね。

北沢　リングスは海外の試合もあったので、オランダとかロシアに行くと、1週間くらい仕事を空けなきゃいけなかったんですよ。それでもう無理でしたね。

玉袋　でもリングスはおもしろかったよな〜。また前田さんが若い頃に世話になった北沢さんをレフェリーで使って、ずっと30万円払ってたっていう話もグッときましたよ。

ガンツ　前田さんと仲違いするような形でリングスを出て行っ

た長井（満也）さんは、その後、北沢さんのところで働いていたんですよね？

北沢　いまは違うところに行ってるんですけど、ずっと働いてましたね。

玉袋　そうなんですか!?　知らなかったなあ。

北沢　長井は凄く真面目で、現場でも気に入られてましたよ。

玉袋　長井さんはそういうタイプですよね。

北沢　私も現役時代から、猪木さんに散々言われてたんですよ。「プロレスを辞めてからの人生のほうが長いんだから、何をやるにも一生懸命にやれ」って。それでまわりの人にも恵まれて、よそはなくてもウチは仕事をけっこうもらったりしてますね。

ガンツ　そういう姿勢で続けてきたからなんでしょうね。

「猪木さんも人間だからいいところもあれば悪いところもあります。猪木さんの魅力は強さでしたね。そして夢が大きいこと」（北沢）

玉袋　いまもドラディションやリアルジャパンで、たまにレフェリーをやられているんですか？

北沢　去年までやっていて、もう辞めたんですよ。さすがに動きが悪くなりましてね。「もう元気がなくなったんだから辞めたほうがいいんじゃないのか」って言ってくれる人が誰もいないので、自分から辞めました（笑）。もう猪木さんか新間さんくらいしか、自分を怒ってくれる人はいないんで。

玉袋　北沢さんの人生は本当に猪木さんに尽きますね。

北沢　猪木さんは素晴らしいですよ。

椎名　みんなに愛されてますよね。

ガンツ　いまになって弟子たちがみんな「猪木さん！」って、最終的には慕ってきてますもんね。

玉袋　また猪木さんは、自分を否定して出て行った弟子を受け入れてくれるからね。普通なら「なんだコノヤロー！」って話になるじゃん。

北沢　猪木さんも人間だから、やはりいいところもあれば、悪いところもありますよ。ただ、猪木さんの魅力は強さでしたね。そして夢が大きいこと。こないだのときも夢を語ってるんですよ。

玉袋　プラズマですかね？

北沢　ゴミかなんかを一瞬にして消すって。

ガンツ　プラズマですね（笑）。パッとゴミが消えるっていう。

椎名　仲間内でもそういう話をされているんですね（笑）。

北沢　やっぱり夢を持ってる人は元気なのかな？（笑）。

玉袋　その夢が一時はね、アントンハイセルっていうとんでもないことになったこともあるんですけど（笑）。

北沢　やっぱり根が正直だから騙されやすいんですよね。

ガンツ　北沢さんはハイセルの真っ只中で引退されていますけど、

それは関係ないですよね？

北沢　あれがなかったら、引退後も会社には残ってましたよ。

ガンツ　そうだったんですか⁉（笑）。

玉袋　やっぱり、いいところも、悪いところもですね（笑）。

椎名　ハイセルのせいで新日本が嫌になったんですか？

北沢　嫌になったというよりもキリがなかったんですね。いくらお金を注ぎ込んでも。

ガンツ　ここに残っているかぎりは、全部お金を持っていかれてしまうんじゃないかと思ったわけですね（笑）。

玉袋　ちなみに、新日本を辞めるときは退職金は出たんですか？

北沢　いや、もらってないですね。上田さんから「なんか1000万もらったらしいな」って言われたんですけど、「いや、俺はもらってないですよ」と。なんか新間さんが上田さんに言ったみたいですね。

椎名　1000万をあげたって？　新間さん、またもう（笑）。

玉袋　コレしたんじゃねえのか？（笑）。

北沢　引退式のとき、リングの上で猪木さんから封筒に入った30万円をもらったんですけど、あれが退職金だったんですかね（笑）。

ガンツ　もしかしたら、1000万は計上だけされてそのままハイセルに行ってたのかもしれないですね（笑）。

北沢　新日本を辞めたあと、税金の徴収がバーッと来たんですよ。「あれ、おかしいな。俺はこんなにもらってないのに……」と。なんか話を聞くと、ずいぶんギャラを払ってたふうになっていたみたいで。

椎名　それ、ひどくないですか。そのまま税金が来ちゃうって。ちょっとした犯罪だと思いますけどね（笑）。

玉袋　それでも北沢さんはグッと我慢をしていたわけですか。

北沢　いまさら言ってもしょうがないですからね。キラー・カーンみたいに「いくら取られた」とか、何十年も前のことをいま言ってもダメですよ。ただ自分の価値を落とすだけですから。

玉袋　カーンさんは凄いもん。お店に行くと、会うなりその話だからね。「訴えようと思ってるんだ」って、まだ言ってるからさ。

椎名　40年前の話ですよね？（笑）。

北沢　それをいま言ってもどうしようもないですよね。

玉袋　ホントそうですよね。

北沢　だからこないだ、初期新日本のメンバーが集まった「猪木さんを囲む会」にも呼んでもらえなかったんですよ。普段から猪木さんのことをボロカスに言ってるから。

ガンツ　そうですよね。あの会には、猪木さん、坂口さん、長州さんという、カーンさんが悪口言ってる人たちが勢揃いしちゃってましたし（笑）。

北沢　本人だって来づらいでしょ。長州なんか「オバケが来るなら、俺は行かない」って言っていたらしいですよ。

ガンツ　「オバケ」って、カーンさんのあだ名ですよね（笑）。

椎名　そうなんだ。凄いあだ名（笑）。

玉袋　でも、歳を重ねてそういう関係になっちゃうのも、なんか寂しいのは寂しいですね。

北沢　相撲取りでもそうだけど、親方の悪口を言ってるヤツって第二の人生でロクなことがないですね。どんな親方でも、親方は親方ですから。

玉袋　親ですもんね。

北沢　師匠のことを神様だと思っている人は多いですよ。やっぱり凄い人ですからね。

玉袋　もちろん猪木さんだって神だよ。あれだけ夢を与えてくれてね、俺たちにとっても神様なんだから、そこは違うや。いや〜、今日は本当に素晴らしいお話をたくさん聞かせていただいて、ありがとうございました！

自己投影観戦記 できれば強くなりたかった

第104回 エノーラとアローナと柔術

椎名基樹

椎名基樹（しいな・もとき）1968年4月11日生まれ。放送作家。コラムニスト。

ドラマ『ストレンジャー・シングス』で超能力少女・イレブンを演じ、世界的に有名となった女優、ミリー・ボビー・ブラウンが主役を務める映画『エノーラ・ホームズの事件簿』がNetflixで公開されている。

イレブンを演じたときは13歳だった彼女は16歳になった。13歳のときは男女の区別さえつかなかったが16歳となり、さすがに色気とまでいかないが、はつらつとした愛らしさを振りまく。

けっして美人ではないし、顔は大きいし、唇はオバケのQ太郎みたいだが、天才女優の演技力のためなのか湧き出る魅力は私の目を釘づけにする。今回のドラマでお尻が大きいことにも気がついて、それもまたかわいい。ドラマはメタ構造の演出をしていて、彼女が画面に向かって問いかけてくるので、なんだかドギマギしてしまったよ、おじさん。

物語の舞台は1800年代のイギリス。「蒸気自動車」が最先端のアイテムとして登場する。都市の電化はまだされていない。いわゆる「近代」と呼ばれる時期の時代劇である。私はこの頃を描いた欧米の時代劇がなぜだか好きだ。

このドラマは児童文学が原作であり、エノーラはシャーロック・ホームズの妹という設定で、ファンタジーではないが荒唐無稽である。エノーラは、女性参政権を勝ち取るために闘う女闘士の母に女手一つで育てられた。女性には「レディー」になるための教育しか施されなかった時代に、エノーラの母は個性的な子育てをした。母がエノーラに教育として仕込んだものは、読書と絵画を描くこと、そして柔術だった。

先月のこのコラムで、現在もっとも世界で認知されているマーシャルアーツは柔術であろうと書いた。それがこの映画にも表れているように思った。さらに「柔よく剛を制す」柔術の理念や実践性も、女性が習う格闘技という設定を見るとよく理解されていることがわかる。

物語の中で「コークスクリュー」という柔術の技が登場する。「猪木・アリ状態」から下の者が立っている相手にかける技だ。MMAはすっかり立ち技格闘技と化してしまったので、「猪木・アリ状態」などすっかり消えてしまった。現在のファンにこの用語が通じるのだろうか？ ちょっと前ではMMAの闘いにおいて、必須のシチュエーションだったのだが。

コークスクリューはグラウンド状態から、眼前に立つ相手の足首を逆手で掴む。両手で足首を掴んで仰向けになり、倒立後転の要領で身体を跳ね上げる。逆立ちして足を相手の足に絡みつけて、ヒザ十字を極めながら倒す。関節技をかけながら相手を倒すので非常に危険な技だ。このコークスクリューは、物語の中で重要な役目を果たす。

劇中でこの技が出現したとき、私は思わず心の中で「ヒカルド・アローナ！」と叫んだ。かつてリングス、PRIDEで活躍したMMAの名選手である。彼の得意技がこのコークスクリュー、下からの飛びつき式ヒザ十字だった。アローナはカウソン・グレイシーの弟子の柔術ベースのMMAファイターにもかかわらず、寝技の下からの攻撃はこのコークスクリューの一芸のみだった。しかしそれは電光石火の切れ味だった。観客は唖然失笑となった。

ヒカルド・アローナは私にとって非常に印象深い選手だ。私は、本誌の前身となる（という認識でよろしいでしょうか？　読者の皆様）『kamipro』で、2000年にUAEで開催されたアブダビ・コンバットに取材に行かせていただいた。この大会で99キロ以下級を制してMVPを獲得し、一躍世界的に名を売ったのがヒカルド・アローナだった。

マーク・ケアーを筆頭に当時のMMAのトップ選手たちや、ティト・オーティズなどこれからスターになっていく選手など、世界中から集まった猛者たちの中でも、ヒカルド・アローナは圧倒的に輝いていた。翌年には99キロ以下級に加え無差別級も制し、この後のMMAのシーンは彼を中心に回っていくだろうことを予感させた。

アローナがまず最初に上がったプロの舞台はリングスだった。誰の目にも明らかな業界一の逸材を引き抜く力があったのがリングスだったというのが、いかにも時代を感じさせる。

PRIDEに闘う場を移したアローナは、ミドル級のトップクラスに位置する選手ではあったが、かつての新時代のエース候補の筆頭はついにトップに上り詰めることはなかった。アブダビ・コンバットのときから、アローナは「弾丸」と称された、高速の両足タックルで相手をテイクダウンして押さえ込むスタイルで勝利を収めており、柔術家というよりも生まれながらの身体能力と、天才的な格闘センスで闘っていた印象だった。MMAでもその印象は変わらなかった。

プロサーファーの顔を持つという彼は、どこかハングリーさに欠けているように見えた。完全にどっぷりとプロ格闘家の道を邁進しているようには見えなかった。

彼の右半身だけに施されたタトゥーはとてもカッコよく、アローナにはアーティストの風情があった。といっても桜庭をボコボコにし、ヴァンダイ・シウバと同等に闘っていたのだから相当な鍛錬を積んだのだろうけれど。しかし、どこかに甘さを感じさせるのがアローナの魅力でもあった。

件の「コークスクリュー」であるが、あまりに鮮やかだったので、アローナは何試合かでこの技で一本取っているような印象があったが、ググってみると実際にはPRIDEにおける1試合だけであった。その相手は金原弘光だった。アブダビ・コンバットの1回戦でも、アローナは金原を破っており、天才格闘家は密かな金ちゃんキラーでもあったようだ。

SELF PROJECTION WATCHING

中村獅童

【歌舞伎役者】

本来は恥ずかしがり屋で、
人見知りの気の小さい男ですよ。
だからじつを言うと何かを演じているときが
いちばんラクなんです。
ボクの48年はいいことも悪いこともあったけど、
それらの経験がなかったら
今日の中村獅童はないわけですよね

**前号掲載のロングインタビューの続き。
みんな同じ人間なんだよ。**

収録日：2020年9月11日　撮影：タイコウクニヨシ　聞き手：井上崇宏

KAMINOGE THE GREAT KABUKI 2

「8月にやった超歌舞伎は、歌舞伎界やお弟子さんたちに対するメッセージを込めたんです」

獅童　ここ最近思うことなんだけど、コロナもそう簡単には……終息するにはまだちょっと時間がかかるというか、誤解を恐れずに言うと「終わらないな」っていうのがあって。さっきニュースを観ていたら、演劇やオペラはお客さんを100パーセント入れてもいいって言うんだけど、本当の意味でみなさんが安心して観られるようになるのはまだまだ先っていうつもりで次のことを考えています。

――この終わりの見えない状況で何ができるか。

獅童　やっぱり、ボクの場合はマイナスから始まっている人生だから。「歌舞伎で主役は無理だ」と言われた状況からプラスに変えていかなきゃいけなかったりとか、そういう思考は若いときからのクセなんで。だからコロナっていうのも、本当にいろんなことが変わるチャンスなんですよ。やっぱり必要がないものは排除されていくだろうし、大切なものが残るべきだろうし、歌舞伎界も含めて変わる時期ですね。

――歌舞伎界が変わるべき部分って、どういうところですか？

獅童　ボクはね、梨園制度は否定していないんです。ウチは父親が歌舞伎をやっていなかったから、「早く誰々さんの息子が見たい」なんていう期待値はボクにはなかったけど、やっぱり子どもがいくつになったら舞台に出てくるんだろうかとか、それも歌舞伎のいいところだから。そういう楽しみを持っているファンの人のことを考えると、梨園制度というのは無視できないわけですよ。お父ちゃんの代から応援していたら、その息子も応援したいし、家族じゅうで一生をかけて観続けることができる演劇なんですよね。たとえば子どもがお父ちゃんと同じ役をやったとき、「私は先代のときから観てるのよ」なんてうんちくを語れるのが歌舞伎なので。

――たしかに。

獅童　だから梨園制度にはまったく反対はしない。ただ、お弟子さんたちですよね。いわゆる血筋がないお弟子さんたちが活躍できる公演っていうのがもう少しあっていいと思っているし、それはこのコロナの時期もずっと言い続けてることなんですけど。今年の8月に、1日だけ池袋（東京ＢｒｉｌｌｉａＨＡＬＬ）で、初音ミクさんと「超歌舞伎」を無観客の生配信でやったんですね。超歌舞伎はいままで幕張メッセのニコニコ超会議とか、去年8月にはついに京都南座という歌舞伎専門の劇場にも進出してやらせてもらえるまでになったんだけど。

――バーチャルとの融合である超歌舞伎を南座で。

獅童　そう。それで今年の場合は、いま言ったような歌舞伎界に対するメッセージを込めたんです。お弟子さんたちが自分がいい役もできるかわからずにずっと脇役だったりしていて、しかも先々なんにも公演が決まっていなくて不安な思いでいる。ただ、なかには脇役として師匠や家を一生守って支えるということに命を懸けている人もいらっしゃる。または旦那に命を懸けるけど、機会があれば自分もいい役をやりたいと思っている人もいる。それはそれで素晴らしいんです。芝居って、映画もそうだけど主役だけよくてもダメですから。隅々の役まで、みんなの気持ちが入っているからこそお客さんも感動する。ひとりでもやる気がない人が出ていたら冷めるんですよ。だから役者全員の気持ちの火を消しちゃいけないんだけど、やっぱり先々が不安でしょうがないお弟子さんたちっていっぱいいるんじゃないかなって思う。いま、自粛で本当に誰とも会っていないので確認したわけじゃないんですけど。

——まあ、コロナ禍に限らず常日頃から抱えている不安というか。

獅童　だから8月の超歌舞伎っていうのは、そういう人たちへのメッセージも含めて、いままで二番手をやっていた役者さんと裏方をやっていたウチの弟子を、ふたりとも主役にしたんですよ。〝忠信〟っていう役なんだけど、その敵対する『スター・ウォーズ』で言えばダースベイダーの役を当日のサプライズにしたんです。それがボク。そうして、お弟子さんたちもがんばればこういう役ができるんだという、光が見えるような公演にしたかったんですよ。そのことは当日、生配信のカーテンコールでも全部言いました。「歌舞伎の将来を変えていきたいから、このキャスティングで、当日サプライズでやります」って。その結果、いままで観続けていた人もすげえ喜んでくれたんですよ。じつは去年の南座のときも、その役者さんが主役のリミテッドバージョンっていうのをやったんですけど、ついには京都の南座で上演させてもらえて。たしかにコロナ前から、いい役をやりたいお弟子さんたちに光を当てたいという思いがずっとあったから。

——梨園制度を認めつつ、本当に実力のある役者にも活躍してほしい。

獅童　そう。その思いをカーテンコールで言ったから、生配信を観た人たちは当然わかってくれてるんだけど、どういうわけか翌日のヤフーニュースとかにあがっている記事を見ると、公演をやったということは出ているんだけど、ボクがそういう主旨の発言をしたってことが全カットになっていて。なんの力が働いてるのか知らないけど、この期に及んでというか、ボクがいまいちばん伝えたいことがあって、そのためにあの公演をやったのに、その大切なメッセージが全部抜けちゃってるところがボクは本当におかしいなと思ったのね。

「オタクの人たちって凄いんだよ。いままでずっと勘違いをしていて、自分も立派なオタクじゃんって」

——まあ、ニュースを書く人にそこまで深い意図はなかったかもしれないですけどね。

獅童　たしかにライターさんが、そこは特にたいしたことではないと感じて、公演をやったことということのほうが重要だと思ったのか知らないけど、でもボクはそこをカットしてほしくなかったなって。

——結局、「現場を観ろ」ってことですよね。

獅童　その超歌舞伎の現場ってことでいうと、いわゆるサブカルチャー好きのオタクの人たちって凄いんだよ。初音ミクさんと超歌舞伎をやるとき、通常は観たいっていう人が5000人来るんだよ。その5000人の人たちが公演を観て「うおー!」って泣くし、声援は送るし、ペンライトは振るし。なんか「オタク=特殊な人たち」っていう認識の人が多いと思うし、正直それまでボクも誤解してたんだけど、あんなに柔軟な人たちはいないよ。最初にバーチャル歌舞伎を作ったとき、「サブカルチャー好きの人たちから茶化されるんじゃないか?」とか「ヤジを飛ばされたり、バカにされるんじゃないか?」って思ったりもしたんだけど、あの人たちはそのへんにいる若者よりもよっぽど順応性が高くて柔軟性があるよ。幕が閉まったあとなんかさ、「超歌舞伎、ありがとー!スタッフさん、ありがとー!」って、もうプロレスみたいにさ。

——「ゼンニッポン」コールみたいな(笑)。

獅童　そうそう(笑)。だからボク、幕が閉まったあとに舞台袖で泣いたもん。観客に感動させられちゃったという不思議な経験をした。以前、肺腺ガンがわかったときの最後の舞台も超歌舞伎だったのね。そのとき、ガンのことはまだ公表もしていなかった、だけど何日か前にガンだって言われてる、でも舞台には立たなきゃいけない。だから最初の口上で挨拶や舞台の解説をしたとき、内心ではもしかしたら自分は死ぬかもしれないと思ってるから、「ちょっと待ってください」って言って。「みなさん、いまボクがここから見ている光景を頭に焼きつけたいから、眺めさせてください」って。もう涙が出てきちゃってね。そのときもプロレスみたいなノリじゃないけど、「がんばれー!」「獅童!　獅童!」みたいになっちゃってね……(涙ぐんでいる)。

——事情はわかっていないけど、何か伝わったんでしょうね。

獅童　まさかみんなはボクがガンだっていうことや、こっちがそういう目線でみんなを見てるってことは当然知らないわけだからね。それで超歌舞伎が終わって何日かして、その先の公演を降板しなきゃいけなかったから発表したんですけどね。

それで入院するとき、超歌舞伎は『千本桜』っていう芝居でブレイクしたんだけど、ファンのみなさんが桜の花と木に見立てたカードにメッセージをいっぱい書いて贈ってくれたんですよ。「かならずまた超歌舞伎に戻ってきてくれ!」「俺たちは会場で待ってるぜ!」みたいなね。それで、そのあとなんとか病気を克服することができて、次の年の超歌舞伎に帰ったときの「おかえりー!」みたいな感じも含めてことごとくプロレスに近いなって思うんだけど。そこにいる観客プラス、生配信を観ている人の「がんばれー!」っていうあまたの人の言の葉が、要するに現代の言葉で言うと「私のエネルギーになるので、みなさんの言葉をたくさん送ってくれ!」って転生して凄く強くなって、最後に悪いヤツを退治するっていうわかりやすいスーパーヒーローものの歌舞伎とリンクしたんだよね。それで最後は毎回ロックな終わりになるんだけど、「おまえらぁー! 帰ってきたぞぉー! いくぞぉー!」みたいな。それでもうお互いにウォンウォン泣いちゃって……。

——現実とリンクしたって凄い。

獅童 ガンから帰ってきたっていうのと、その芝居とがバッティングして、何がなんだかわからない感動みたいな。だからオタクの人たちには毎回毎回泣かされちゃうんだけど、ここまで歌舞伎の人間の心を動かすんですよ。あの人たちはね、時には政治をも、世の中をも動かすと思ってる。ボクには「なんでも見なきゃいけない」っていう精神があるから、渋谷に新しくPARCOができたってときも家族で行ったんだよね。あそこ、いちばん上の階はオタクじゃん。

——任天堂とかジャンプのショップがあるフロアですね。

獅童 ポケモンセンターもあって。あそこにもオタクみたいな人たちがいっぱい来てるじゃん。昔のPARCOじゃありえないよね。下の階の洋服も、どっちかと言えばちょっとオタクっぽいというかアニメっぽいでしょ。渋谷PARCOがオタクカルチャーで溢れてるのってすげえなと思って。いままではなんとか愛好家じゃないけど、ひっそりと好きなものに対して夢中になっていたのがオタクで、世の中の陰でこっそりみたいなイメージがあったと思うんですけど、イベントだったりで自分と同じような人たちが集まって堂々と騒げるぞとなったときの、それまで抑えつけられていた気持ちの爆発力がもの凄いんだよ。だからボクもオタクという文化を勘違いしていたよ。プロレスだって基本は体育会系だけど、ボクらプロレスファンはオタクじゃないですか。

——プロレスファンってほとんどが文系ですからね。

獅童 ヘビーメタルとかプロレスってそうだよね。そういえば自分もオタクなんだなと思って。

——アメリカのプロレスファンって、好きなものがプロレス、メタル、ホラーっていう3つが被ってるらしいですよ。

獅童　あっ、そうだよね。ボクも80年代とかにロックで夢中になってるときなんかは「何がオタクだよ」って思ったけど、よくよく考えたら出待ち入待ちまでして、カメラをかまえてさ、立派なオタクだったんだなと思って（笑）。

「『昔はよかった』っていうのは生き方としては嫌いでね、ボクたちが新しい時代、新しい道を作っていく番なんだよ」

――なのに、個々ではみんな「俺は違うから」って思ってるっていう（笑）。

獅童　自分もオタクなんだ。ボクらの時代で言うと、宅八郎さんみたいなキャラクターがオタクは気持ち悪いっていう風潮にしてしまったけど、あの人も立派な人だと思うし、みんなファミコンに夢中になったりしてかならずオタクは通ってきてるし、それがいまや時代を動かしてるんですよ。だからそこに向けて歌舞伎を発信したことは、自分にとっては大正解だったなって。いまではそれがひとつのライフワークになっているし、さっきも言ったけど、ついには京都の南座でも上演許可が降りてやったし。そうやって少しずつ時代は動いているんだけど、まだまだこれからもやらなきゃいけないことはたくさんあるし、コロナの中で思うこともあったりとかもするよね。だからこの自粛期間中っていうのは、プロレスの古い映像を観まくったりとかして少年時代を思い出したり、歌舞伎のことをたくさん考えたりっていうのの繰り返しやっていて、そこでいっぱい思うことがあったし。夜中なんか本当にずっとプロレスを観てたよ（笑）。それで昔の名勝負とかを観ていると、1978年とかって「客席でタバコ吸ってるな」とか。

――たしかに（笑）。

獅童　リングサイドの4列目くらいで、大人が悪びれた様子もなくタバコ吸ってるの。そういえばボクたちが子どもの頃って、映画館でタバコを吸ってる人とかいたもんね。なんかそういうノスタルジックっていうか、このコロナの時代に昭和という時代が凄く愛おしくなったりとかして。ただ、病気になったときもそうだったけど、「昭和はよかったね」で終わらせる人生にはしたくないと思ってるんだけど、夢中になってプロレスを観て、リングを見ただけで感動できて、第1試合でもすでに涙が出てくるほど感動した自分のことは忘れない。そんな自分も今年で48歳になるけど、そういう純粋な気持ちというものを、コロナがまた思い出させてくれたんですよ。だから井上くんと初めて会ったのもほんの数カ月前だけど、初対面にも関わらずずっと夢中になってプロレスの話をしたというのも、まさにそういう気分のときだったから。

――なんか3時間くらい話し込みましたよね。しかも道端で（笑）。

獅童　こないだはキラー・カーンさんのお店にも行ったけど、

アメリカでのギャランティの話とか、「日本に戻ってこい」って言われたときの話をカーンさんの生の声で聞いたけど、あのときは聞く立場だったから自分から歌舞伎役者としての発言は全然しなかったんだけど、「ああ、似てるな」と思ったんだよね。

――『ピンポン』でブレイクして歌舞伎に凱旋した自分と、アメリカから新日本に呼び戻されたキラー・カーンという状況が。

獅童　そうそう。でも、そもそもジャンル分けするってことがつまらないことなのかな？　似てるじゃなくてみんな同じなんだよね、人間って。サラリーマンでも、清掃業の方でも、役者でも、みんな同じ人間ってこと。子どものときって、言い方は悪いけどみんな同じ塊じゃないですか？　そこからどこで枝分かれしていくんだっていうだけで、最初はみんな同じ。ロックなんかも毎回それで論争というか、ハードロックとヘビメタの違いとか、パンクがどうとかって、みんなジャンル分けしようとするけど、「みんな同じ人間なんだよ」って最近は思う。そうやってコロナっていうのはいろいろと気づかせてくれて、自分もオタクなんだよなってことに気づいたのもそうだし。

――人とあまり会わなくなったぶん、ひとりで考える時間が増えましたよね。

獅童　いろいろ考えることが多かったけど、やっぱり「新しい時代を作る」っていうこと。過去とか、昭和はよかったなと思うけど、それにすがっちゃダメだなって。ボクたちが新しい時代、新しい道を作っていく番なんだと。「昔はよかった」っていうのは生き方としては嫌いでね、いつでもいまがいちばん楽しいし、同じことを60歳になったときも、70歳になったときもそう言っていたい。だって、めちゃくちゃチャンスじゃん！　これだけ価値観がガーッと変わっている世の中に対して「昔を取り戻そう」じゃダメなんだよ。世の中全般的に、どうしても昔に戻ろうとするんだけど、新しいビジネスの仕方、いつ終息するかわからないコロナという巨大な敵に向かって新しい道を作っていかなきゃ。「それほどコロナという敵はやわじゃねえぜ」って思うね。だから8月に超歌舞伎をやってよかったってつくづく思ったし、悪いけど歌舞伎で生配信ってボクたちだけだもんね。いまは歌舞伎も生じゃないけど配信をやっていて、だけど冗談じゃない。ボクたちはもうとっくにやってるから。ただ、それがこれほどまで武器になるとは思ってもいなかったんだけどね。

――コロナ禍における闘い方をすでにやっていたっていう。

獅童　そう。もうこっちの出番じゃん。「俺たちは最初からやってるぜ」って。オタクの人たちにも胸を張ってそう言ってもらいたい。「歌舞伎の生配信なんて、俺たちずっと前から応援してるぞ」って。

「恥ずかしがり屋のめんどくさい性格だからこそ、強いプロレスラーにあこがれたんだろうね」

——「旗揚げ戦を観に行ってますから！」みたいな（笑）。

獅童　だから今回思ったもんね。プロレスもそうだし、歌舞伎もそうなんだけど、お客さんに育てられるんだよ。お客さんがプロレスや歌舞伎を育てるし、お客さんがその興行の成功、不成功の鍵を握ってる。超歌舞伎っていうのは、サブカルチャー好きの若者が作り出した新しい文化、新しい歌舞伎であり、ボクたちは創作物を作るけど、それをひとつのジャンルとして提示したときに受け入れるか、受け入れないかっていうのは買い手側の問題だから。それを見事にみなさんが買ってくれて、このソフトを育ててあげてくれたから今日まで残っている。コロナ禍でいちばん困っているなか、1日でも生配信が実現できたっていうのは本当に大きいですよ。あのとき初めて超歌舞伎を観たという人にも楽しんでもらえたと思うけど、古くから観ている人たちには感動が生まれたんだよね。最初の挨拶で言ったんですよ、「ここは何千人も入るホールですが、無観客でやっています。だけど、みなさんのコメントも見られるし」って。観客を煽って、コール＆レスポンスみたいな観客参加型の歌舞伎が超歌舞伎なんだけど、それを無観客でやった場合は「お客さん、行くぞー！」「シーン……」みたいなさ。当たり前ですよ。だけど、「無観客でやっていますがなんの問題もありません。ボクの中にある今日までのお客さんとの思い出、お客さんのペンライトを振ってくださった笑顔、泣いている姿。ボクの耳、目、すべてに焼きついていますから。行くぞー！」って言ったところから、古くから観ている人たちの書き込みで画面が真っ白になったくらい。何度も言うけど、ああいう盛り上がり方ってプロレスなんですよ。だから人によっては、ボクの煽り方が「プロレスラーだ」って言う人もいるから。

——超歌舞伎だからこそ、自分のプロレスラー性が出た。

獅童　歌舞伎座でやるときとは違うお客さんの前ではスタイルを変えるというか。プロレスだってロックだって「おまえらー！」じゃないの。それをやってるんだけど、ネットにはこういう声もあって。歌舞伎が凄い好きな年配の女性の方だと思うんだけど、「いままで中村獅童さんの歌舞伎をずっと観てきて、品格があって素敵な役者さんだと思って今日まで応援してきたけど、きのうの公演を観てガッカリした」と。「お客様に対して『おまえらー！』って言っている姿にガッカリした」って（笑）。

——「まあ、はしたない！」（笑）。

獅童　「お客様に『おまえら！』はいけません」みたいな。まあ、井上くんもだんだんとボクの本当の性格をわかってくれていると思うけど、扮装した舞台で「行くぞー！　おまえらー！」っていうのは全然やるんだけど、普段は気の小さい男ですよ。だから、そのたった1件の「品がない」ってレビューを読んだとき、ちょっと落ち込む自分がいて（笑）。

――弱い（笑）。

獅童　だから、いろんな人になることができる役者をやっているのかな。本来は恥ずかしがり屋だし、人見知りだし、気が小さい。だからこそ、じつを言うと何かを演じているときがいちばんラクなんだよね。一時期、ワイドショーに出るたびにスパイダーマンの格好をしていたときがあったけど、ああやって人に笑ってもらったりとかしてるときがいちばんラクなの。カッコつけるのが苦手。だから普段は非常にツライね（笑）。

――じつは生きづらい（笑）。

獅童　だから子どもの頃にひとりプロレスをやっていたのもそうだし、強い者へのあこがれを抱いたりとか、プロレスを観ていても感動して泣くじゃないですか。そういう自分が培ってきた、体験してきたすべてが血となり肉となってるんだなって。この歳になって、新しい歌舞伎を作るたびに、自分がロックバンドをやってきたこと、プロレスが好きだったこととかいろんなことがあるけど、それらの経験がすべて盛り込まれていくっていう。「自分の生き様が作品となり、役柄となり、表れてくるんだな、この仕事は」ってこの歳になって思う。

――中村獅童の48年が役柄に出るってことですよね。

獅童　そう。ボクの48年はいいことも悪いこともあったけど、いま思うとすべてがいいことだし、それがなかったら今日の中村獅童はないわけだし、この思想もないわけですよ。そこに親から受けた影響というのもつながってるのかな。だからモノを作るときってそうだと思うよ。音楽を作るにしても、映画を撮るにしても、写真を撮るにしても、雑誌を作るにしても、受け手側のその人の人生観に触れたときに感動するんじゃないのかな。

――たしかにそうかもしれないですね。

獅童　もうね、ちっちゃいときから変身願望のある、ちょっと変わってる子どもだったんですよ。お面を着けて走り回って、近所の主婦から拍手をしてもらったりするのが大好きだったんだけど、そこで「もう1回やって！」って言われると「嫌だぁ……」って急に恥ずかしくなるっていうめんどくさい性格なんですよ（笑）。だからこそ強いプロレスラーにあこがれたんだろうね。

――最高ですよ。

獅童　だからもう、ザ・グレート・カブキが出てきたときなんかは「待ってました！」でしたよ。「プロレスで歌舞伎!?最高じゃん！」って（笑）。

1972年9月14日生まれ、東京都杉並区出身。歌舞伎役者・俳優・声優。
本名・小川幹弘。歌舞伎の名門である小川家（旧播磨屋、現・萬屋）に生まれ、祖父は昭和の名女形と謳われた三世中村時蔵。父はその三男・三喜雄。叔父に映画俳優・初代萬屋錦之介、中村嘉葎雄。8歳で自らの志願で歌舞伎座にて初舞台を踏み、二代目中村獅童を襲名。紆余曲折を経て、19歳で歌舞伎の道を目指すことをふたたび決心するも、長い下積み生活を余儀なくされる。2002年公開の映画『ピンポン』で準主役の「ドラゴン」を演じて脚光を浴びる。以降、多数の映画やドラマに出演することとなり、歌舞伎においても、2003年に『義経千本桜』『毛抜』で初の主演を務めてスターの座に君臨。古典から新作まで様々な歌舞伎に挑戦しつつ、時代劇、現代劇、映画やドラマなど多方面で活躍している。

オッサンタイガー

【新根室プロレス／サムソン宮本の実弟】

まさに命を懸けてプロレスを続けてきたと思います。プロレスで生き方を学んだという思いがあったので、やっぱり最後もプロレスで終わりたかったんでしょう。戒名は〝賛武尊〟。新しいリングネームですね

終生大衆に尽くした。
さらば真のプロレスラー・サムソン宮本。また会う日まで。

収録日：2020年10月11日　撮影&聞き手：堀江ガンツ　写真提供：オッサンタイガー

KAMINOGE REST IN PEACE

murisinai
asitamo

「新木場で13番勝負というトータル1時間近くの試合をしたのはまさに死闘でした」

オッサン　本日は、わざわざ遠くまでありがとうございます。

――ボクも去年、一昨年と新根室プロレスのビッグマッチである三吉神社大会を取材させてもらって、秋口に根室に来るのが恒例になりつつあったんですけど。今年はサムソン宮本会長の霊前にお線香をあげるため、というのが非常に残念です。亡くなられたのは、去年『サムソン宮本「生前葬」』と銘打った大会からちょうど1年くらいですよね。

オッサン　「生前葬」が去年の9月14日で、亡くなったのが今年の9月11日なんで、ちょうど1年ですね。

――平滑筋肉腫という難病で「5年生存率30パーセント」とは聞いていましたけど、こんなに早く逝ってしまうとは驚きました。昨年10月13日の最後の新木場大会というのは、相当な覚悟を持っての大会だったんだなと。

オッサン　その新木場も含めて、この2年間は完全燃焼して、やり切ったと思いますね。

――サムソン会長はお会いすると凄く元気だし、新木場ではリングにも上がって「13番勝負」をやっていたくらいなので、病気の話を聞いても、実際の病状はどれほどのものなのか、ファンの人もわからなかったと思うんですよね。

オッサン　そうなんですよね。弟の自分でさえ、「この人、病気なんだよな?」って、たまに疑問に思うときがありましたから。弱いところを見せないんですよ。

――大変な病気のはずなのに、会うとやたら明るいんですよね。

オッサン　そうですね。常に笑ってますから。

――でも1年後に亡くなられたということは、「生前葬」をやる、そして昨年いっぱいで新根室を解散するって決めたときは、すでにかなり悪かったということですか?

オッサン　腫瘍が肺に転移して、肺の3分の1を切除したんですね。まだ、その時点では大丈夫ではあったんですけど、手術後、身体はしんどかったみたいですね。

――肺を取っているわけですからね。

オッサン　その状態で新木場で13番勝負という、トータル1時間近く試合をしたというのは、まさに死闘でしたし、気力でやった感じですよね。

――あの試合のタイトルは「生か死か、サムソン宮本13番勝負」って銘打ってましたけど、それがリアルという。

オッサン　本当にリアルな世界があのリング上にはありました。

――虚と実の境界線が曖昧というプロレス本来の醍醐味を、サムソン会長はいちばん体現していた気もしますよ。そしてご自身の中でも、本名の宮本隆志とサムソン宮本の境界線が、どんどん曖昧になっていったというか（笑）。
オッサン　ボーダーレスでしたね。新木場では、宮本隆志とサムソン宮本が一体となった、ひとりの人間の姿をリング上でさらけ出した感じでした。
――その新木場大会も、いま振り返ると大変な大会でしたよね。
オッサン　そうですね。よりによって１００年に一度の台風が直撃するとなって、開催自体が危うくなったという（笑）。交通網もすべて遮断された状態で。
――ボクは前日、ＲＩＺＩＮ大阪大会の取材に行っていたので、新幹線が動いてくれるのかどうか、本当に心配でしたよ。
オッサン　ファンのみなさんも新木場までたどり着けるか心配だったでしょうね。
――でも奇跡的に開催にこぎつけて。
オッサン　そうですね。お昼過ぎから交通網が復活するということで、本来、開始時間が12時だったのを急きょ15時に変更して。じつはあの日の夜は他団体の興行が入っていたらしいんですけど、台風の影響を考慮して、数日前にキャンセルが入っていて、それで時間変更が可能だったんです。
――早めにキャンセルするのも当然なくらいの巨大台風でしたもんね。
オッサン　だから、あの日の東京での興行はすべて中止になったみたいなんですよ。でもウチは中止にするという選択肢はなくて。最悪、無観客の生配信でやろうかっていう話までしていました。
――コロナ時代に先がけて、無観客試合になりそうだったんですね（笑）。
オッサン　それぐらい、どうしてもやりたい大会だったんですよ。新木場をゴールと決めて、みんなで何カ月も練習してがんばってきたので、どんな形でもそこにたどり着きたかったですね。
――もし、あれが半年延期とかになっていたら、サムソン会長の体調や、コロナの問題もあって、結局、開催できなかったかもしれないですよね。
オッサン　そうですね。何もできずに解散になってましたね。だから適切な言い方かはわからないですけど、去年のタイミングでよかったなと、いまとなっては思いますね。

「まずサムソンが始めたのは終活ですね。マニアックなアダルトＤＶＤとかを断捨離したんですよ」

――振り返ってみると、この2年間、新根室プロレスは奇跡の連続であり、また常にドラマがありましたよね。まず、アンドレザ・ジャイアントパンダのデビュー直前に、サムソン会長の平滑筋肉腫が発見されて。
オッサン　アンドレザのデビュー1カ月前に難病が発覚した

供
中標津 de
チャリティウォークの会

んですね。そのときに代表が新根室のメンバーを集めて説明して、みんな泣いたんですけど。「限りある時間の中で、どこまでできるかみんなでがんばろう」「東京で俺たちの試合をやろう。そこを目指してがんばろう」ってことで団結したんですよね。

——でも、その時点ではまだアンドレザもデビューしていなかったということは、新根室が全国的にはほとんど知られてないときですよね。

オッサン そうですね。その時点では東京で試合をするというのは夢でしかなかったんですけど。そのひと月後にアンドレザがSNSでバズったんです。だからこれはもう導かれてるのかなと思いまして。

——何か、命と引き替えに生み出したような感じすらありますね。

オッサン そうなんですよ。だから絶望と希望が同時進行だったんですよね。アンドレザのブレイクはたしかにうれしかったんですけど、メンバー的には代表の病気がずっと心配だったんです。だからこの2年間はずっと複雑な心境でした。

——でも2年間、本当に狂い咲きましたよね。

オッサン そうですね。非常に濃い時間をパンダと一緒に過ごしたと思いますね。

——東スポのプロレス大賞に出たり、DDT両国国技館にも出て。

オッサン それと後楽園ですね。あとはファッションサーカスっていう完全アウェーな場所にも呼ばれまして（笑）。ロックフェスに出るという異種格闘技戦もこなしてきました。

——そうやって2年間走り続けて、最後の新木場大会を成功させたあとに病状が悪化していったんですか？

オッサン 去年の段階ではまだそうでもなかったんですよ。それが今年の4月下旬に定期検査をしたところ、心臓に転移してるのが発覚したんです。

——よりによって心臓ですか。

オッサン 心臓に転移するっていうのは稀らしいんですけど。これはもう治療のしようがなくて、緩和ケアといって痛みを取ることしかできないんですよ。

——心臓を切除するわけにいきませんもんね。

オッサン だから心臓への転移が発覚して、まずサムソンが始めたのは終活ですね。断捨離を始めたんですよ。私物で必要がないものを処分していくっていう作業を1カ月近く、私とやっていたんですね。

——そこから、ご自身の中ではカウントダウンが始まっていたんですね。でも断捨離に1カ月って、なかなかの作業ですね。

オッサン 収集癖があるので、とにかくモノが多いんですよ。また、マニアックなアダルトDVDとかもたくさんあって。そのまま半透明ゴミ袋に入れて収集に出すわけにいかないんで、パッケージを細かく切り刻んだりして。そういう余計な手間もかかりました（笑）。

——証拠隠滅作業に時間がかかったと（笑）。

オッサン　それから再度、新根室のメンバーを集めて説明をして「これでもう会うのは最後になるかもしれない」と。

——強い人ですね。普通であれば身体もつらいでしょうし、なにもできなくなりますよ。

オッサン　そこで絶望して、自暴自棄になってもおかしくないと思うんですけど、サムソンの場合は死に対してもう腹を括ってるっていう感じでした。

——自分の死期が近づいていることを知りながら、「生前葬」と題した新根室プロレスの試合をセルフプロデュースしたわけですしね。

オッサン　サムソンはそのすべてをプロレスに昇華させるっていう考えなんですよ。

——人生がプロレスになっているわけですね。だからこそ、誰よりも自分の生前葬に積極的という。自分の棺桶を作っちゃったり（笑）。

オッサン　棺桶を作ったり、遺影を作ったりね。だから自分が死んだあとのことまで積極的にやっていたんですよ。葬式の段取りとかも、すべて自分で葬儀屋さんに行って話をつけてきて。「こんな葬式にしたいんですけど」って、いろいろ交渉してましたね。

「5月に医師から告げられて、『俺は余命3カ月みたいだ。いや、3カ月もあるぞ』って言っていたんです」

——「サムソン宮本のラストを俺がプロデュースしなくてどうするんだ」って感じで。

オッサン　まさしくそうなんですよ。だから「葬儀でやってほしいこと」を紙に書いて私に残していったんですよね。

——どんなことが書いてあったんですか？

オッサン　2パターンありまして。まずは葬儀場でプロレスの試合を1試合やるというパターン。もうひとつは葬儀の最後にテンカウントゴングをやって、選手コールをして、紙テープを飛ばすというパターンがありまして。まず、プロレスの試合をやるというパターンに関しては「コロナが完全に収まっている状態であればやる」ってことだったんですね。でも結局は葬儀屋さんと話したら、コロナ禍なのでちょっと試合は難しいんじゃないかという判断で、パターンBのほうで。

——コロナで試合ができなかった場合の案まで考えてたんですね。北海道のニュース番組で流れたお葬式の様子をボクもネット動画で観たんですけど、最後の出棺のときは列席者みんな

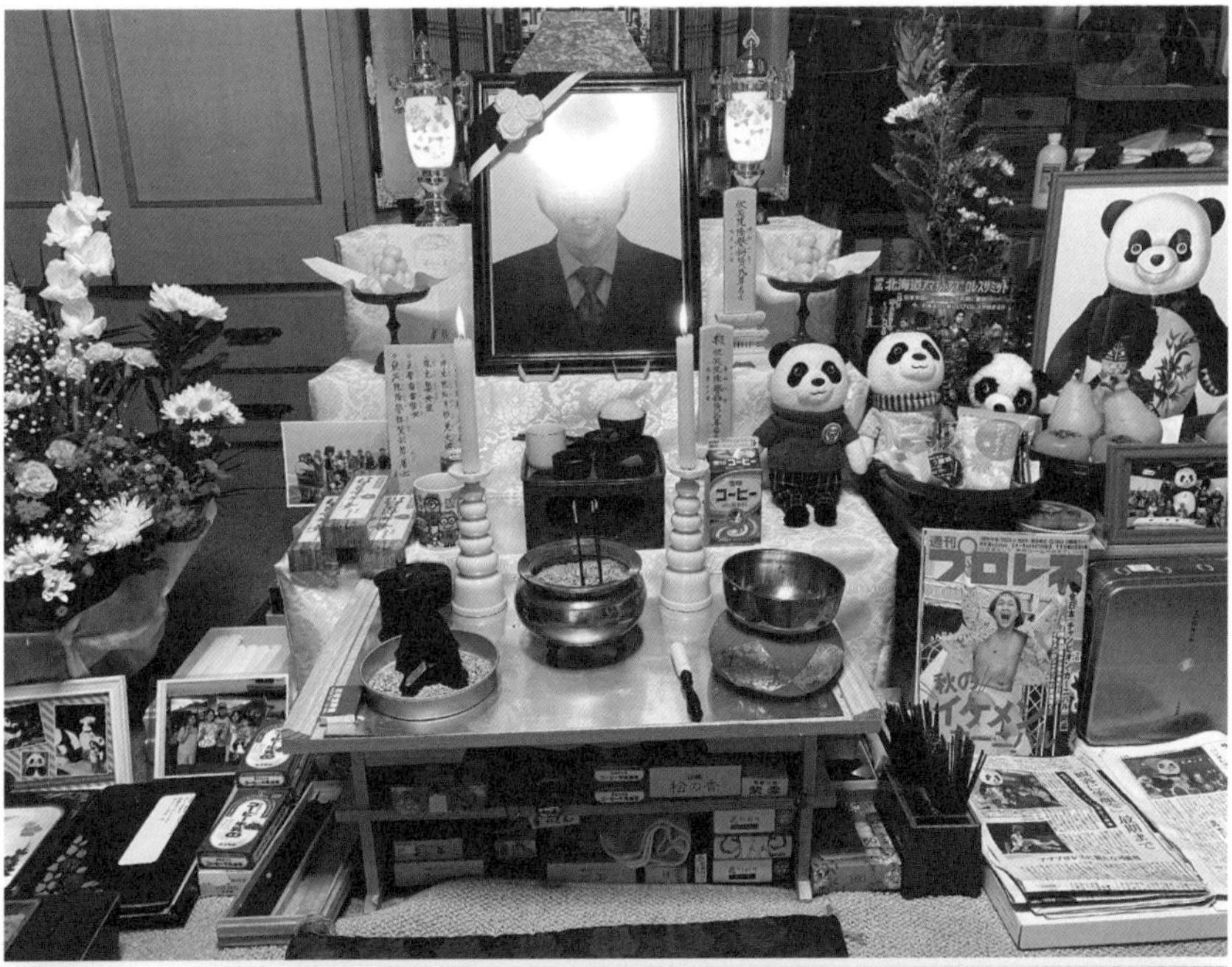
週刊
プロレス
秋の
コーヒー

が「サムソン」コールで送り出してましたね。

オッサン　あれは予定にはなかったんですけど、メンバーが自発的にやってくれたんですよ。やっぱり「プロレスラー・サムソン宮本」としてみんなも送り出したかったので。

――それが本人の希望でもあるわけですしね。

オッサン　おそらくそうだったんだと思いますし、ボクたちはそう汲み取りました。そしてサムソンは、葬儀に来ていただいた方に対してもサプライズを用意していたんですよ。通夜のオープニングで、事前に撮っておいた参列者向けのメッセージを流したんです。

――生前のご自身から、感謝の言葉が語られたわけですか。

オッサン　そうですね。「本日はお集まりいただきありがとうございます」という御礼の言葉を映像で流してですね。

――「本日はお集まりいただきありがとうございます」って、遺族が言う言葉ですよね。

オッサン　それを本人が言ってるという（笑）。参列者もそこでもうビックリですよね。とにかく人を驚かせるのが好きな人だったので、そういう準備はぬかりなくやっていました。

――サプライズを用意せずにはいられない性分なんですね。

オッサン　普通では終わりたくなかったんでしょうね。それともうひとつのサプライズがありまして。これは完全に私たちも知らなかったんですけど、札幌のUHBというテレビ局のカメラマンの方に参列していただいたんですけど、生前に撮ったメンバー宛ての映像を通夜のあとに流してくれたんですよ。

――旧知のカメラマンに頼んで、メンバーに対してもサプライズを用意していたわけですか。

オッサン　はい。その映像を観たら、メンバーに対する思い、感謝を述べていまして。それをサプライズで流されてメンバーはみんな号泣でした。

――最後の頃は体調もかなりキツかったわけですよね。

オッサン　常に心臓に痛みと圧迫感がありますので、それを我慢してやってたんでしょうね。

――最後は余命3カ月の宣告も受けていたわけですよね。

オッサン　そうです。5月に医師から告げられて、そのときボクに知らせてくれたんですよ、「俺は余命3カ月みたいだ」って。それでボクは「えっ、たった3カ月なの!?」って聞いたら「いや、3カ月もあるぞ」って答えたんですよ。

――自分の最後を飾るのに3カ月の準備期間があると。

オッサン　だからそれを聞いて、「この人はどこまで強い人なんだろう……」って思いましたね。

――余命3カ月宣告なんて、相当な恐怖のはずですよね。

オッサン　そうですね。ただ、本人は「死に対しての恐怖はない」と言ってました。

――どこかで克服されたんですかね？

オッサン　やっぱり自分が思い描いていたこととかをすべてやり切って、悟ったのかもしれないですね。だからあとはどう完全燃焼するか、という前向きな考えになっていたようです。

――でも、これだけやりたいことをすべてやって、生き抜いた人ってなかなかいないですよね。

オッサン　そうですね。しかも、あらゆることをリングにさらけ出してきましたから。普通は隠しますよね、家庭不和にしろ、病気にしろ。でも、すべてをさらけ出してリングで表現してお客さんに届けるっていう、そういう思いがサムソンは強かったんでしょうね。

「『新木場に帰ってきます！』って言ったので、もう一度、新根室プロレスとして何かできればなと思っています」

――それがプロレスラーとしての生き方だと。だから死生観もちょっと尊敬する猪木さんっぽいんですよね。

オッサン　プロレスのスタイルはまったく真逆なんですけど（笑）。

――ファイトスタイルは全然違っても、ライフスタイルは近いというか（笑）。「終生大衆に尽くす」という。

オッサン　本当にそうですよね。その言葉に尽きます。

――そして最後は新根室プロレスのメンバーに見送られて、天国に旅立ったわけですね。

オッサン　通夜の席には新根室の前身だったメンバーや、OB選手とかも勢揃いしたんですよ。

――新根室プロレスの前身の根室プロレス同好会時代のメンバーまで。じつは凄く長い歴史があるんですよね。

オッサン　前身団体ができてから23年くらいの歴史があるので（笑）。そのときの古参メンバー、旧メンバーまですべて揃ったので、サムソンも喜んでいたと思いますよ。

――サムソン会長がみんなを呼び寄せたわけですよね。

オッサン　あと、ひとつ奇跡的な話があったんですよ。アンドレザが登場する前から、10年くらい新根室プロレスを追いかけていてくれたファンがおりまして。埼玉県在住の女性なんですけど、毎年9月の三吉大会には飛行機に乗って根室まで観戦に来てくれて、DVDを大量に購入して、東京のプロレス仲間に配布したりもしてくれていた人で。

――新根室の布教活動までしてくれるような、熱心なファンなんですね。

オッサン　その方が、サムソンが亡くなった当日、たまたま埼玉から根室に来ていたんですよ。

――新根室のイベントがあるわけでもないのに。

オッサン　ちょうど「生前葬」をやった最後の三吉大会から1年ということで、聖地をまわろうってことで根室に来ていたらしいんですよ。それで列車が根室に着いたのが9月11日の13時20分で、13時29分にサムソンが息をひきとったんですよね。

――まさに、その方の到着を待っていたかのようですね。

オッサン　その女性は、サムソンが危篤だとかまったく知らず、たまたま三吉での思い出にひたろうと思っていたら、根室に着いてから訃報を聞いたわけですよ。だからボクたちの間では「サムソンが最後にお礼を言いたくて呼び寄せたんだね」っていう話をしていたんです。

――そのファンの女性は、事前に根室に行くことを誰にも伝えていなかったんですか？

オッサン　伝えていなかったんです。コロナ禍だからメンバーにも連絡せずにひとりでひっそりと来て、そのまま帰るつもりだったらしいんですよ。で、たまたまこっちに着いたあと、メンバーのひとりから「亡くなった」という連絡がいって、それで初めて知ったらしいんです。だから最後にサムソンの遺体と対面できて見送れたんですよ。

――そういう奇跡が起きたのも、命日が新根室プロレス旗揚げ記念日の翌日だったからですよね。

オッサン　余命3カ月を宣告されたときは、8月までしかもたないはずだったんですけど、やっぱり旗揚げの日までがんばって生きたんだと思います。

――本部長は実の兄であるサムソン会長に、最後、どんな言葉をかけられましたか？

オッサン　とりあえず「お疲れさま」と。あとは「新根室のメンバーと一丸となって、何年かかるか、どんな形になるかはわからないけど、新根室プロレスを再建していくよ」って話をしました。

――新木場大会のとき、「いつの日かまた帰ってくる」というのが、サムソン会長がファンと交わした最後の約束だったわけですもんね。

オッサン　そうですね。「新木場に帰ってきます！」って言っていて、それを待っているファンもいるので。もう一度、新根室プロレスとして何かできればなと思っています。

「ボクが交通事故に遭って右目を失明したとき、サムソンがプロレスのビデオやプロレス雑誌を持ってきたんですよ」

――サムソン会長の遺言みたいなものはあったんですか？

オッサン　個人的なことで言うと、（本業であるホビーショップの）仕事のやり方とかですよね。あとは新根室プロレスの運営ノウハウを書き残していってます。こういうときはこうしたほうがいいっていう。「あとは本部長が判断して、みんなと協力してがんばれ！」と。完全にバトンを渡されましたね。

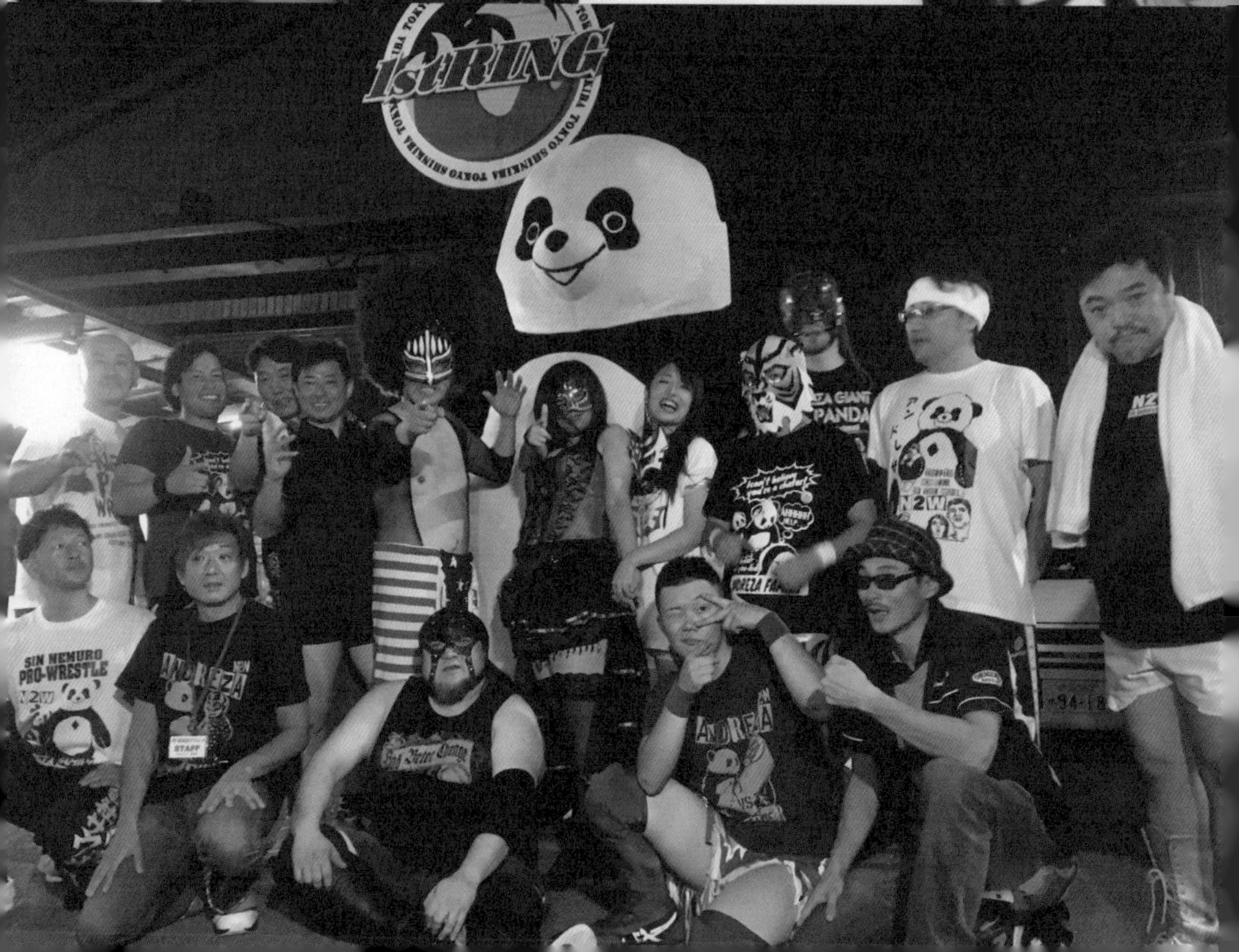
1stRING
TOKYO SHINKIBA
SIN NEMURO
PRO-WRESTLE
N2W
ANDREZA
PANDA
STAFF

――去年、解散発表後にサムソン会長にインタビューさせていただいたとき、「新根室を運営し続けるのってじつは金銭的にも時間的にも大変だから、これを誰かに託したら重荷になってしまうんじゃないか」と言っていたんですよね。

オッサン　そうなんですよ。運営資金もそうですし、時間もかかることですから。みんな社会人なので。

――自分の時間、自分のキャパシティのかなりの部分を取られてしまうわけですね。

オッサン　もう比重が仕事半分、プロレス半分くらいの割合になってしまうので、やっぱり運営していくのは大変なんです。でもボクはみんなで力を合わせてやるしかない、と思ってます。そのためのノウハウを残してもらったので。サムソンは残された人のことも考えて、それらを残していってくれたので、非常に助かっています。だから死んでもなお、ボクたちのことを守ってくれているんですよね。

――サムソン会長は、人生の残された時間で、自分の最期をプロデュースすることと、残されたメンバーに自分が培ってきたものを渡すということを含めて、すべてやりきったわけですね。

オッサン　完全にやりきりましたね。自分の人生に占める割合として、新根室が凄く大きかったんだと思うんですよね。だから亡くなる前、「サムソン宮本で終わりたい」と言ってましたね。

――そこまで人生をプロレスに捧げるプロレスラーもなかなかいないと思うんですよ。しかも、本来はアマチュアプロレスで（笑）。

オッサン　そうなんですよ。ボクたちはアマチュアなんですよね（笑）。だけど、まさしく命を懸けてプロレスを続けてきたと思います。サムソン自身、プロレスで生き方を学んだという思いがあったので、本人はやっぱり最後はプロレスで終わりたかったんでしょうね。

――新根室のメンバーも、この新根室プロレスによって救われた人が多いんですよね？

オッサン　もともとボクたちは、不完全燃焼の青春時代を送ってきた人たちばかりなんですよ。そういう人間をリングに上げて、スポットライトを当てて、輝かせてくれた。その姿をサムソンが見てよろこぶという。そうやって温かく見守ってくれたので。

――本部長自身も若い頃、プロレスに救われたんですよね？

オッサン　はい。ボクは10代の頃、交通事故に遭って右目を失明してしまいまして。そのときは塞ぎ込んで、ひきこもりがちになってしまったんですよね。そんなボクの姿を見て、サムソンが「これを観ろ！」と、プロレスのビデオやプロレス雑誌を持ってきたんですよ。で、それを観たとき、「小さい頃、兄貴と一緒によくプロレス観てたな」と思い出して、試合のビデオを観ることで、プロレスラーがやられてもやられても立ち向かっていく姿に感銘を受けまして「俺も立ち上がろう」

という勇気をもらったんですよ。だからボクは本当にプロレスに救われたと思っています。

——でも、失明して塞ぎ込んだ弟を前向きにさせようと、プロレス雑誌とビデオを渡すサムソン会長は凄いですね（笑）。

オッサン 言葉じゃないんですよね。「これを観ろ！」と。実際、それによってボクは前向きになれたので。

——やっぱりメンバーそれぞれが「プロレスに救われた」という思いがあるから、新根室プロレスを復興したいという気持ちになっているわけですかね。

オッサン みんなもまだ続けたい気持ちがあると思うんですよ。ただ、いまはサムソンが亡くなったばかりなので、まだ「やる」っていう気持ちにはなってないですけど。時期が来ればそういう気持ちが高まってくると思います。

——いまはこのコロナ禍ですから、物理的にもなかなか大会を開くのも難しいですしね。

オッサン そうなんですよね。動きようがないので。だからアンドレザをはじめ、いろいろお話もいただいているんですけど、年内は全部お断りしているんです。コロナ禍の状況であり、あとは喪に服したいっていうのもあるので。

——まあ、急ぐことではないですしね。

オッサン できるべきタイミングで、また新根室プロレスができればなと思っています。

——ファンのみなさんに対しては、「それまで待っていてください」という感じですかね。

オッサン そうですね。ファンの方たちも待ってくれていると思うので、その思いにはかならず応えたいと思います。

「いま頃、天国で力道山先生やジャイアント馬場さんにこっぴどく説教されていると思うんですよ」

——サムソン会長からファンに対する気持ちっていうのは、聞いたことがありますか？

オッサン というか、常々言っていたのは「SNSのフォロワーさんを含めたファンの人たちをとにかく大事にしろ」と。「過剰なくらい大事にしてくれ」と。それは念を押されていましたね。お客さんを楽しませる、喜ばせる、驚かせるっていうことをいちばんに考えて、ボクたちは新根室プロレスをやっていたんで。やっぱり「ファンのために」ということが柱になってますね。

——アマチュアプロレスは、もともと無償の行為ですしね。

オッサン そうなんです。ボクたちはアマチュアなので、対価はギャラとかじゃないんですよね。試合が終わったあとにお客さんからいただく「おもしろかったよ！」とか「また観に来ますね！」っていう言葉が、ボクたちの試合に対する対価なんですよ。それががんばれる原動力になっていますから。

――だからこそ、よりファンを大事にしなきゃいけないわけですね。

オッサン　はい。お客さんあってのものだと思っているので。それはサムソンとボクら共通の思いですね。

――そういえば、先ほど位牌も見せていただきましたけど、サムソン会長の戒名がまた素晴らしいですね（笑）。

オッサン　「賛武尊」っていう文字が入っていまして。新しいリングネームですね。

――戒名っていうのは、あの世に行ってからの本名みたいなものですから、ついに本名がサムソンになったっていう（笑）。

オッサン　そうなんですよ。本当にサムソン宮本になってしまって。おそらくいま頃、天国で力道山先生やジャイアント馬場さんにこっぴどく説教されていると思うんですよね。「おまえがやってるのはプロレスじゃない！」と（笑）。

――「なんだあれは！」と（笑）。

オッサン　でも、たぶん続けていけばわかってくれると思うんで、向こうでもがんばってほしいですね。

――あの世には超大物レスラーがたくさんいますから、相当恐縮してるでしょうね（笑）。

オッサン　サムソンのすぐあとにアニマル・ウォリアー選手も逝ったんで、たぶん凄くビビってると思います（笑）。

――新根室プロレスが復活した暁には、追悼興行にしたい思いもありますか?

オッサン　はい。追悼興行はぜひやってあげたいので、それはやりたいと思います。

――でも追悼興行をやったら、またサイババの格好で生き返って再臨してきそうですけど（笑）。

オッサン　そうなんですよね。だからボクもいまだに亡くなったという実感がないんですよ。なんかどこかで見てるんじゃないかなって、常々思うんですよね。

――三吉神社で大会をやったら、ひょっこり出てきそうですもんね（笑）。

オッサン　なんかそれぐらい奇跡を起こしそうな感じがするんですよ。

――変な話、本当に新根室の神になったというか（笑）。

オッサン　本当に神になってしまいましたね。おそらく、これからも私たちを見守ってくれていると思いますよ。

――では、新根室プロレスが復活した暁には、ボクもまた根室まで取材に来させていただきますので。

オッサン　ぜひ、いらしてください。いつになるかわからないですけど、サムソン宮本に遺志を継いで新根室プロレスを復活させたいと思っていますので、そのときはよろしくお願いいたします！

オッサンタイガー（OSSAN TIGER）
1973年、北海道根室市生まれ。地元の中学を卒業後、交通事故に遭って重傷を負い、2年間におよび入院、治療を行う。この間にプロレスファンとして目覚める。その後、釧路にて職を転々とし帰郷、1994年に実家の玩具店を継ぎ、兄・サムソン宮本とゲームショッププルートとして開店する。1998年、お店の常連客と新根室プロレスの前身団体である根室プロレス同好会を結成。2007年に新根室プロレスを結成して“小さな大人”オッサンタイガーとしてデビュー、初代N2Wチャンピオンとなる。2017年からは新根室プロレス本部長に就任し、団体の中心人物として活躍。

THE PEHLWANS

[Tomoo Gokita]

LATIN
PEHLWANS
Tシャツ

https://thepehlwans.stores.jp

中邑画伯のぬりえコーナー

最終回『See ya（じゃあ）』

中邑画伯のぬりえコーナーは30回目となる今回で最終回……!!
これまで30パターンもの絵を描いていただいた画伯、どうもありがとう！
と言っても、次号からもこのページはSHINSUKE NAKAMURAが占拠する予定だよ。『SHINSUKE NAKAMURA SECRET』共々どうぞお楽しみに！

ぬったイラストを写真に撮って、ツイッターやインスタグラムなどに投稿してみよう。そのときはかならず「＃中邑画伯」を忘れずに。そうしたら、みんなの作品を中邑画伯や編集部員たちが見つけてニンマリすることができるから！

西村知美

【女優・タレント】

真っ暗な部屋の中で、
私のベッドの横におじいさんが
体育座りで座っていたんですよ。
白装束を着ていて頭がツルッパゲの方。
『すみません、どこから入って来たんですか?』
って聞いたら、
もの凄い形相をしてバンと
私の上に乗っかってきたんです

トロリンが金縛る!
そして悪霊に怒鳴る!
本当にあった数々の怖い話を披露!!

収録日:2020年9月14日　撮影:タイコウクニヨシ　聞き手:井上崇宏

KAMINOGE BLOOMING GIRL

「四谷のスナックの看板の上に女の人の顔が乗っていたんですよ。しかも血だらけの凄い形相で」

――西村さんはオバケとか見たことあるんですか？

西村　オバケですか？　**オバケは基本的に大丈夫なほうですよ。**

――大丈夫なほうっていうのは……つまり見たことはない？

西村　どっちかと言えば、小さいときには見ていなかったんですけど、中学3年で上京してからはよく幽霊を見てましたね。

――東京に来た途端にですか⁉

西村　はい。当時のマネージャーさんは**佐々木さんだったかな？　渡辺さんだったかな？**　私は四谷に住んでいて、**四丁目かな？　三丁目かな？**　たしか三丁目に住んでいたんですけど、幽霊が出るからってことで、2年で更新のときに引っ越したんですよ。**四丁目に。**

――幽霊が出たわりには、至近に越されましたね。

西村　そうなんですよ。だから結局は四丁目でも幽霊が出て。

――えーっ、そんなことあります⁉

西村　それで怖くなって、世田谷のほうに引っ越しちゃったんですけどね。でも世田谷でも幽霊が出たので、今度はまた違うところに越したんです。

――めちゃくちゃ出てるじゃないですか！

西村　**本当に幽霊ってどこにでもいるんですよね。**　まず、四谷に住んでいた頃は、やっぱり**四谷怪談**っていうことで。

――やっぱり四谷怪談ですね。

西村　たしか（ビート）たけしさんも当時の事務所が四谷なんですよね。

――太田プロですね。たけしさんはご自宅も四谷だったんですよね。

西村　だからテレビのロケの移動中にロケバスの中で、たけしさんも「幽霊を見る」っていう話をされていたので「やっぱり四谷って出るんだな～」って思いましたね。私もよく見るほうでしたから。

――まず、四谷三丁目ではどういう幽霊を見たんですか？

西村　**いろんなタイプを見たんですけど、**　たとえば仕事が終わって深夜に帰ってきたんですよね。マネージャーさんがクルマで送ってくださって、マンションの前まで来たとき、近くでお通夜をやっていらしたんですよ。それでクルマがいっぱい停まっていて、私のマンションの目の前に停められないっていうので、1回グルっと回ったんですよ。そのときに、私はいつもうしろの座席の左側に座っているんですけど、何気に外を見ていたんですね。そうしたら「スナックなんとか」っていうネオンがついている看板が歩道に置いてあって、それがだいたい1メートルくらいの高さなんですけど、そこの上に女性の顔が乗ってるんですよ。

——えっ、スナックの看板の上に女性の顔が!?

西村　ええ。時間的には夜中の12時とかそれくらいの時間帯だったんですけど、**看板に女の人の顔が血だらけで乗っていて。**

——血だらけで!

西村　そうなんですよ。私はそれを見て**「えっ!?」**と思って。でも、ひょっとしたら女の人が向こう側からこうやって首だけ看板に寄りかかっていたのかもしれないですよね。だけどクルマが前進したのでちょっと違う角度からも見てみたら、やっぱり身体がなくて頭だけが乗っかってるんですよ。血だらけの凄い形相で。

——怖い、怖い……。西村さん、めちゃくちゃ怖いですよ!

西村　それで私は**「ちょっとマネージャーさん!　ごめん、申し訳ないけどもう1周回って!」**って言って。

——もう1回確認したいと(笑)。

西村　「あれは人形なのかな?」とも思って。それでマネージャーさんに話したら、「えーっ!?　こんな夜中にやめてよ～!」みたいな。マネージャーさんは見ていなかったんですよ。

——そ、それでとりあえず1ブロック回って戻ってきて。どうだったんですか?

西村　ぐるーっと行って、またお通夜をしているところの前を通ったんですけど、もう看板の上に女性の頭はなかったんですよ。なんにもないから「いや、さっきここに!」って言ってもマネージャーさんは信じてくれなかったんですけど。

——「何を言ってるんですか。もう早く寝てくださいよ、今日は」みたいな。

西村　「もう疲れてるんですよ。やめてくださいよ、そんなの」って話だったんですけど、あれはちょっと忘れられないですね。

「ベッドの横に白装束を着た頭がツルッパゲのおじいさんが体育座りをしていたんですよ」

——なんだったんでしょうかね。

西村　三丁目に住んでいた頃はほかにもいろんなことがありましたけど、**幽霊系**はもうなかったんですね。それで次に引っ越したところがすぐ近くの四丁目ですけど、それは凄くいい部屋が見つかったのと、もともと(渡辺)美奈代ちゃんと家が近所だったので「美奈代ちゃんとあまり離れたくない」っていう理由があったんですよ。それでそこに引っ越して、カーテンを開けてみたら**真下がお墓**だったんですね。

——借りる前に気づかなかったんですか。

西村　**まったく。**それでそのときに「あぁ……」って言ったきり、私がその部屋のカーテンを開けることは**永遠**になかったんですけど。

——永遠に。

西村　まあ、**基本的にカーテンを開けて日差しを浴びたいっていうタイプじゃないので。**それである日、コンサートホールツアーをやっているときに「さあ、明日はコンサートだ。もう寝なくちゃ」って思ってベッドに入っても、もう頭の中で20何曲ぶんの歌詞がずっと流れちゃって寝られないんですよ。「明日、間違えたらいけない」とか思って。それで私はいまだにそうなんですけど、**ケチケチ星人**なので。

——ケチケチ星人。

西村　ケチケチ星人なので、寝るときは赤い電球もつけないで真っ暗にするんですね。それで部屋は真っ暗なのに頭はしっかりと起きていて、歌ってるんですよ。「ああ、眠れないな。どうしよう。もう2時だし、早く寝なきゃ。明日はコンサートだしなぁ……」って思いながらもずっと歌っていて、ふと見たら、**ベッドの横におじいさんが体育座りで座っていたんですよ。**

——えっ、おじいさんが体育座りで!?

西村　そう。真っ暗な部屋の中で、おじいさんが体育座りしているところだけ光ってるんですよ。白光りで、まるでオーラみたいにおじいさんが光ってたんですよ。

——白光りのおじいさんが体育座り。

西村　体育座り。しかも白装束を着ているので余計に真っ白なんですよ。**頭がツルッパゲの方。**

——ツルッパゲの方！　さらに驚きの白さを放って（笑）。

西村　ツルッパゲだったから、私もすぐに「おじいちゃんだ！」と思ったんですね。それで「えっ!?」ってなったけど、ハッキリと見えているので幽霊だなんて思いもしないじゃないですか？　なので触りはしなかったですけど、**「すみません！」**って声をかけたんですよ。

——幽霊というよりかは不審者なんじゃないかと。

西村　「すみません、どこから入って来たんですか？」って聞いたら、その人がグーッとこっちを見つめて、瞬間移動でバンと私の上に乗っかってきたんですよ。

——えーっ!?　いきなり馬乗りに！

西村　胸元にもの凄い形相で乗っかられて。それで**私はやっぱり幽霊とかには関心があるので。**

——幽霊に関心があった（笑）。

西村　もともと関心があったので、いろんな人から話を聞いたりとか、いろんなのを見たりとかしてわかっていたことがあって、幽霊って何か言いたいときに人の枕元に立つんですって。それとかそこらへんに立っていたり、ただ見守っているだけのような幽霊には害はなくて、そのタイプも何かを伝えたいために出てきたりとか、たまたま通っただけだったり、地縛霊だったりとかするんでしょう。でも、人の上に乗っかっ

てくるのは全部悪い霊なんですよ。恨み辛みを持っていると。だって、そもそも私が見たこともないおじいさんですからね。

——見たこともないおじいさん（笑）。

西村　だから瞬間的に**「これは悪いおじいさんだ！」**と思って。それで、そういうときは心を強く持って、汚い言葉でもいいので「出て行けー！」って言ったほうがいいと聞いていたんですね。それは**高樹沙耶さん**から聞いて……いや違う、**高樹澪さん**ですね。円谷プロの映画でご一緒させていただいたときに高樹澪さんから聞いたと思うんですけど。それでいま考えたら、そのおじいさんに乗っかられていた時間は6秒とか10秒くらいかなって思うんですけど、そのときは金縛り状態で凄く長く感じられたんですよ。

——でも、そこで高樹澪さんからの助言を思い出したんですね。

西村　そうなんです。パッと思い出して、「いまだー！」と思って**「出て行けー！　出て行けー！　出て行けー！」**って言ってたら、フッと消えましたね。でもやっぱり怖くてね、あんなにハッキリ見たのは初めてだったので。

「本当の恐怖に直面したときにすべてを忘れさせてくれますからギャグ漫画は必要ですね」

——それは怖かったでしょうね。

西村　それまで金縛りになったこともなくて、そのときが初めてだったんですね。もう怖くて怖くて。それで電気を全部つけて、**「こういうときのために！」っていうことでギャグ漫画を用意していたんですよ。**

——ギャグ漫画を？

西村　ええ。それで明日がコンサートだということも全部忘れて、とにかく気持ちを変えようと思って、そういうときのために用意していたギャグ漫画を読み始めたんですよ。あのときは何を読んでたかな？　ちょっと憶えてないんですけど、岡田あーみんさんの『お父さんは心配症』とかそういうのだったかもしれませんね。

——西村さん、すいません。もし、幽霊が出てきたときのためにとギャグ漫画を用意していたんですか？

西村　そうなんですよ。うすた京介さんの『セクシーコマンドー外伝 すごいよ!!マサルさん』とか『ピュー！と吹くジャガー』とか凄く有名なギャグ漫画を。私はうすたさんの作品が大好きで、いつでもすぐに笑えるので、いまだにいろんな部屋に常備してあるような感じで、トイレには絶対に置いてありますね。

——トイレには絶対置いてあるんですね。

西村　かならず置いています。あと、とにかくおもしろいので、みんなにも読んでもらいたいからってことで、昔は何冊も買って、楽屋とかで挨拶するときに「ちなみに……」って差し入れみたいな感じでメッセージを書いて、共演者の方とかにお渡ししていましたね。「お先に失礼します」とか「今日はよろしくお願いします」って書いたりとかして。

——とにかくおもしろいので、みんなに読んでもらいたいと。

西村 （明石家）さんまさんにもお渡しして読んでいただいたんですよ。さんまさんは喜んでくださって、『すごいよ!!マサルさん』の中に出てくる**「オクレ兄さん」ってセリフに凄く反応されていましたね（笑）。**やっぱりギャグ漫画は必要ですね。本当の恐怖に直面したときにすべてを忘れさせてくれますから。

——そのときもおじいさんのことは忘れられましたか？

西村 なんとか忘れました。それでも翌日のコンサートのときは寝不足でしたけど（笑）。あのときの感覚はいまだに忘れられないですね。

——怖いですねえ。やっぱり、それは幽霊だったんでしょうかね。

西村 でも、それ以降も金縛りはよくあるので「自分が寝ているんじゃないか？」って思うときもあるんですよ。

——金縛りは睡眠障害の一種だって言われたりもしますよね。疲れてるだけだとか。

西村 でも世田谷に住んでいるときに、**初めて昼間に金縛りにあった**ことがあったんですよ。

——それは昼寝をしていてですか？

西村 いえ、横になっていたとか、疲れてるとかじゃなくて、普通に家の掃除をしていたんですよ。それでベッドのところによいしょって座って、ふと時計を見て「ああ、15時か」って思ったときにピキッて金縛りにあったんですね。

——えっ！（笑）。

西村 不思議ですよね？

——座ったまんまでですか？

西村 座ったまま金縛りにあったんですよ。まーったく動けなくなって。**「えっ!?」**と思って。しかも昼間だからめちゃくちゃ明るいんですよ。

——白昼堂々、金縛り（笑）。

西村 白昼堂々で。掃除機をかけていて、パッと座ったときに金縛りですから。凄いですよ。こんな経験をされた方って、ほかにいますかね？

——聞いたことないですね。

西村 ないですよね。**これはちょっと自慢できますよね？**

——自慢していいと思います。

西村 あとにも先にもそれ1回きりなんですけど、ベッドにこうやって座っていた状態でピキッとなったので目はバッチリ開いてるんですよ。それで私は金縛りっていつもお腹から

来るんですね。

「深夜に小学生くらいの子が遊んでいたのに見えなくなったので、『えっ、どこに行った？ 轢いちゃった？』と思って」

――お腹から固まるんですか？

西村　そうなんです。昔からお腹から来るっていうのは同じで、こないだ初めて左腕から来たときには「ここから来たのは初めて～！」って思いましたから。たいていはお腹からで「あっ、来る、来る……」って思っていたら、うわーって来るんですよ。でも、人に聞くとみんなそれぞれスタート地点が違うんですよね。金縛りにあったことあります？

――高校生のときに一度だけあります。ボクは両腕から固まっていって、「あれ～？」と思っていたら全身がピキッとなって。

西村　それは起きているとき？　寝ているとき？

――寝ていたときですね。

西村　じゃあ、座った状態ではないですよね（**ちょっと得意げに**）。時計を見て「15時だ」と思ったときに金縛りになって、たとえばそれが解けたときに18時とかになっていたりしたら「私は座った段階で気を失うように寝ていたのかな？」って思うじゃないですか。なので絶対に時間を覚えておこうと思って、じーっと時計を見て。

――めっちゃ冷静ですね。身体は動かないけど目だけは時計を凝視して。

西村　「いまは15時だ！　解けるのはいつだ！」と思って。やっぱりこう、**金縛る**っていうときは……。

――いきなり動詞できましたね。

西村　金縛るときっていうのは、もちろん疲れてるからっていうのもありますけど、本当の金縛りになったときは何かがあるはずなんですよ。そこに霊が通ったとか、霊に押さえつけられているとか。それで辺りを一生懸命に見るんですけど、霊は何も見えないんですよね。たとえばゾッとするとかっていう感じもしなかったですし。

――どなたもいらっしゃらないと。

西村　「何もないな～。おかしいな～。おかしいな～。でも15時で……いつ解けるかな？」って、もちろん目しか動かないんですけどね。それでしばらくは「出て行けー！」とかっていうのは言わないんですよ。**まずは調べたいので。**

――ちょっと泳がせるわけですね（笑）。

西村　そうそう（笑）。とりあえず「何が原因なの？」「何か言いたいことがあるんですか？」みたいな感じでずっと泳がせていたら、そのうちスーッと解けたんですよ。そのときも時間が長く感じられましたけど、もしかしたら30秒くらいだったかもしれないですね。スーッと消えてハッと動けるようになって、時計を見たら15時のままだったんですよ。

──わずか数十秒ですね。

西村　ちゃんとした秒数はわからないですけどね。**時計がデジタルじゃなかったので。**

──ああ、すみません。

西村　とはいえ、秒針もなかったので正確に何秒だったかはわからなくて残念だったんですけど、とにかく15時からは変わっていなかったです。「ああ、こういうこともあるんだなー」っていうのがありましたね。

──災難でしたね。

西村　でも、そんなふうになったとき、いつも一緒にいるマネージャーさんに「見える?」って聞いても、マネージャーさんには見えていないんですよね。世田谷に住んでいたとき、マネージャーさんがクルマを運転して、私はうしろに座っているじゃないですか。やっぱり夜の11時くらいだったんですけど、住宅街なのでクルマが1台通れるかくらいの狭い道を走っていたんですね。そうしてマネージャーさんに家まで送ってもらっているときに、前を見ていたら小学生くらいの子がふたりで遊んでたんですよ。男の子と女の子だったかな? ボールで楽しそうに遊んでるから「えーっ!? こんな時間に大丈夫?」と思って。そうしたらこちらのクルマに気がついて、その子たちは電信柱の陰によけてくれたんですね。「ああ、よけてくれた」と思って、そのままクルマはまっすぐ行くじゃないですか? スーッと行って、マネージャーさんの座っている運転席の窓には子どもたちが見えてたんですよ。だけど私が座っていた後部座席の窓にはいないんですよ。

──後部座席の窓からは見えない。

西村　見えなかったんですよ。それで「**えっ!?**」と思って、こうやってのぞいたんですけど、絶対にいないんですね。それで振り向いて「**えっ、どこに行った? 轢いちゃった?**」と思って。

──「轢いちゃった?」(笑)。

西村　やっぱりいないので、マネージャーさんに「いま見た? 子どもがいたよね?」って聞いたら「さあ?」みたいな。あれは凄い不思議でしたね。もう1回まわってはやらなかったんですけど。

──お得意の(笑)。

西村　「**まあ、いいか**」と思って(笑)。

──ちっちゃな出来事だと(笑)。

西村　だからそういうのをちょこちょこ見たりとかはありましたね。あと見たのは……。

──凄い見てますね(笑)。

西村　ある地方にコンサートか何かで行ったんですよね。そのときに泊まったホテルでの話なんですけど、もう入った段階で怪しいというか、「あれ?」と思ったんですよ。

「パッと目を閉じた瞬間にちっちゃい子どもがふたりで部屋に入ってきて、ケタケタ笑って騒いでるんですよ」

――ホテルに足を踏み入れた瞬間にですか?

西村　いえ、チェックインして部屋に入ったときです。電気がついているのに部屋の中が真っ暗なんですよ。

――どういうことですか?

西村　おかしくないですか? 電気はパッとつくんですけど、その電気がもう本の字が読めないくらいの暗さなんです。「これはありえないなー」と思って、ホテルの人に「**すみません、ワット数を変えてください**」って言って。

――「ワット数を変えてください」。的確な指示ですね(笑)。

西村　それでホテルの人に電球を交換してもらって、ちょっとは明るくしてもらったんですよ。それで「あっ、これだったらいいです」って言って。

――すぐに明るくしてもらえたんですね。

西村　ちょっとだけですけどね。それでも最初よりはだいぶ明るくなったのでよかったんですけど、そのときホテルの人もまるで驚いた様子もなく「ウチはこういう感じですので」って言っていたんですね。「えっ、なんでこんなに暗いんですかね?」っていう感じのリアクションではなかったです。だから「**あー、もともとこういう本も読めないくらいの明るさのホテルなんだな**」と思って、ちょっとビックリしましたけど。怖くないですか?

――あんまり怖くないです!(笑)。西村さん、これは幽霊とかとは関係なさそうな話ですね。

西村　あっ、関係ない?

――ワット数の問題ですよね(笑)。

西村　ワット数ですかね(笑)。それでちょっとだけ明るくしてもらったあとは安心して、寝て、目が覚めたら朝6時で、もう部屋も自然光で明るいんですね。それで「あー、6時だ。でももうちょっと寝られるな」と思って目覚ましをかけて、パッと目を閉じた瞬間ですよ。**ちっちゃい子どもがふたりで部屋にうわーって入ってきて、ケタケタ笑って騒いでるんですよ。**

――えーっ!?

西村　私が目覚ましをかけて、目を閉じてすぐのことだったんですけど。「**ケタケタケタ〜!**」って笑っていて、私の寝ているベッドのところを走り回ってるんですよ。私はもう思いっきり起きてるんですよ? でも怖くて目が開けられないんですよ。変な話、目を開けたら子どもの姿がちゃんと見えたと思うんですけど、「**おばあちゃんだったらどうしよう?**」

とかいろんな怖いイメージが浮かんで、目が開けられないいんですよ。

――おばあちゃんの可能性もあったんですか。でも、ケタケタ笑って走り回っていたのなら子どもでしょうね。

西村　もう、ケタケタ笑いながら遊んでるんですよ。足音の様子だと、おそらく3歳くらいの子どもがふたりだったと思うんですけど。それでずっと遊んでるから「どうしよう、どうしよう……」と思って。でも途中から**「もう遊ばせておこう」と思って。**

――「遊ばせておこう」と思ったんですか（笑）。

西村　もう外も明るいから。それが夜だと怖いですけど。

――ちょっと余裕があったんですね。

西村　やっぱり明るいからっていうのがあってね。それに変に絡んじゃってこっち側に来られるのは嫌だなと思ったので、私はそのまま寝たふりをして動かずにいたんですよ。そうしたら、その子たちの動きが一瞬止まって、その直後にいきなり布団を引っ張り出したんですよ。

――掛け布団を！　怖いです！

西村　もう凄い力で引っ張ってくるので、私も「取られちゃう！」と思ってガシッと布団を掴みまして。

――ガシッと。

西村　ガシッと。そうやって布団を奪われないようにやっていたら、そのうちフッと消えちゃったんですよ。それで「あー、いなくなった」と思って、バッと起きて時計を見たら、やっぱり6時のままだったんですよ。だからそんなに時間は経っていない。これがたとえば起きたときに9時だったりしたら「あー、夢だったんだ」って思うけど、あれはもうね、「やっぱり私、ちゃんと起きてた」って思って。怖かったですね～。コンサートをやっていた頃なので10代とか20代の話なんですけど、10年くらい前にまた同じ地方に行ったとき、その同じホテルに泊まったんですよ。

「乗り移られないように心を強く持つことが大事という教えを守ったので大丈夫だったんです」

――うわー。「あっ、ここは！」ってなりますよね。

西村　そのときは**「しろえちゃん」**もいたんですよ。

――しろえちゃん？　どなたですか？

西村　しろえちゃんはスタイリストさんです。しろえちゃんが一緒にいたってことはイベントか何かで行ったのかな？　まあ、とにかくしろえちゃんと女のマネージャーさんと私でその地方に行ったときに「あっ、あのホテルだ！」ってなって。それで何が怖かったかって、**あのときと同じ部屋だったんですよ。**

――えーっ！

西村　だから「うわぁ……」と思って、そのときにまず「部屋に入って電気が暗かったらどうしよう？」と思ったんですね（笑）。

――まあ、思いますよね（笑）。

西村　それがね……普通に明るいんですよ。

――あら。

西村　いつからこの明るさが通常というホテルになったのかはわかんないんですけど、普通だったんですよ。だから**「えっ、明るいじゃん！」**と思って（笑）。

――まあ、だいぶ月日も経っていますから、ホテルの方針が変わったのかもしれませんね。

西村　それでチェックインしたあと、しろえちゃんが「みんなでおいしいものを食べたいね」って言ったので、みんなで外に食べに行ったんですけど、しろえちゃんが「ちょっと疲れちゃった」って言うので、そのあとは遊びにも行かずに真面目にホテルに帰ったんですね。そうしたら次の日の朝、しろえちゃんが「もう私、きのう怖かった～。ホテルが……」って言うから「どうしたの？」って聞いたら、寝ていたら霊かなんかがいて、耳元で何かささやかれたんですって。「若い男の子の声だった」って言ってましたね。

――また子どもですか！

西村　それで耳元で……**「自分を信じろ！」**って言われたと（笑）。

――アッハッハッハ！　激励されたんですか！？（笑）。

西村　もう**真っ青な顔をして「きのう、ちっちゃい男の子になんか凄い励まされたのー！」**って言ってて（笑）。

――アッハッハッハ！　本人は怖かったでしょうけど、それはおもしろいですね（笑）。

西村　**「そっち側（励まし）にいっちゃったんだー」みたいな（笑）。**だから、そのときもビックリして「やっぱりあのホテルには何かあるのかなー」って思いましたけど。それで、こないだ金縛りにあったのは……。

――最近もあったんですか？

西村　ありましたね。もう今年で6年目なんですけど、毎年、心霊スポットを巡るっていうロケをやらせてもらっているんですね。『最恐映像ノンストップ』っていうテレビ東京さんの番組なんですけど、去年のロケではその日の夜に金縛りにあったりとかして、今年も撮影した夜はなかったんですけど、次の日の夜に家で寝ていたら、パッと誰かに手を掴まれたんですよ。それで「あれ!?」と思ったら凄く大きな手で、その手が冷たかったりしたら怖いじゃないですか？　だけど凄くあったかかったので、安心して**「よかったー」**と思っていたんですね。

——あったかくても恐いですけどね……！

西村　そうしたら、「あれ、ちょっと待って……」と思って。さっきも言いましたけど、私はケチケチ星人なので、寝るときは家の電気をすべて消しているんですよ。それなのにそのときは廊下の電気がついていたんですね。「あれ？」と思って、立ち上がって廊下の電気を消しに行こうとしたとき、部屋の扉から中学生くらいの女の子がヒョコって顔を出したんですよ。

——また未成年の方が……！

西村　顔の表情は見えないんですよ。廊下側は電気がついていて、こっち側は暗いので、逆光になっていてよく見えないんです。それで「えっ、どこから入ってきたの？」って思って。やっぱり怖いっていうよりも先に現実的に考えちゃうので、「どこのお嬢さん？」って感じだったんですよ。これがオジサンだったら怖くて「逃げなきゃ！」ってなりますけど**「女の子なら害はない」**と。それで「えっ、誰……？」と思ったら、その顔の見えない女の子が一気に私の近くまで来たんですよ。

——またもや瞬間移動で！

西村　バッと来て、そのままベッドに押し倒されて馬乗りでガーッってなってるから「あれ⁉」と思って。

——「女の子だけど害がある！」と。

西村　それで先ほどもやったみたいに、とにかく上に乗ってくるのは悪い霊なので「出て行けー！　出て行けー！」って言ってたら、やっぱりスッと消えていきましたね。そこでも「乗り移られないように心を強く持つことが大事」という教えを守ったので大丈夫だったんです。

——西村さん、めちゃくちゃ怖い目にあってますね。

西村　**上に乗られたのはひさびさのことだったからか、あれはさすがに疲れ果てましたね。**金縛りぐらいならすぐに動けてギャグ漫画を読めるのですが、そのときは女の子が消えたあとも疲労でまったく動けなかったです。ギャグ漫画の置いてあるトイレまでなかなかたどり着けなかったですから。

——西村さん、今日はもう帰ります！

西村　あら、ご気分を悪くされちゃったかしら？（キョトン）。また、いつでも遊びに来てくださいね〜。

西村知美（にしむら・ともみ）
1970年12月17日生まれ、山口県宇部市出身。女優・タレント。
1984年11月、姉が写真を応募したことで雑誌『Momoco』のモモコクラブに掲載され、同雑誌が主催した『第1回ミス・モモコクラブ』でグランプリを受賞。これがきっかけとなり芸能界入りし、1986年3月に映画『ドン松五郎の生活』でデビュー。同時に主題歌『夢色のメッセージ』でアイドル歌手としてもデビューを果たす。その後は、ドラマやバラエティ番組、声優や絵本作家として活躍。1997年、元タレントでCHA-CHAのメンバーだった西尾拓美と結婚して、愛娘を授かる。現在も精力的に芸能活動中。

坂本一弘

馬乗りゴリラビルジャーニー（仮）

第3回
エンセン井上の功績

構成：井上崇宏

（さかもと・かずひろ）
1969年3月4日生まれ、大阪府大阪市出身。
修斗プロデューサー／株式会社サステイン代表。

――今号でエンセン井上さんにインタ

とえば、それまでボクらが知っていたレス

そういう意味では、前にも話しましたけど、ボクらはあらゆる技術を継ぎ足ししていきながら、新しいものを作っていっていたわけですよね。それはレスリングのテクニックやキックのテクニックをアレンジし、それらを掛け合わせることによってオリジナルの技術を作り上げていったという。

――それが修斗という総合格闘技の初期段階ですね。

坂本　そこにエンセンが入ってきて柔術という要素が加わったことは、修斗にとって素晴らしかったことだと思いますし、いずれはそこに辿り着いていたとしても、エン術を修斗に注入してくれたことが大きいですよ。そして技術的なことはいったん置いておいて、何が修斗にとってエポックメイキング的な試合だったか？　名勝負はいっぱいあるんですよ。マッハvsフランク・トリッグも凄かったし、トリッグとマチャドがやったりとか、ヒクソンが来たりもした。宇野くんとルミナの試合や宇野vs川尻、いっぱい素晴らしい試合があるんですよ。ただ、エポックメイキング的に歴史を変えた試合はふたつしかなくて、ひとつは佐藤ルミナが当時誰も勝っていなかった柔術の黒帯ヒカルド・リッキー・ボテーリョに勝った試合。そして、もうひとつはエンセン井上がUFCヘビー級王者だったランディ・クートゥアに勝った試合ですよ。このふたつの試合が世の中をひっくり返したというか、ボクが現役を引退したのちに大会運営やプロデュースした試合の中だと、間違いなくこの2試合です。ある種の賭けでもありましたし。

――エンセンさんもクートゥア戦をベストバウトに挙げてましたね。

坂本　やっぱりそうですよね。柔術の技術をもたらしてくれたことももちろん重要なんですけど、VTJでエンセンがクートゥアに勝ったっていうのは、修斗にとっても大きく変わる分岐点になりましたよね。

――あらためて調べてみてビックリしたんですけど、エンセンさんってMMAは20戦くらいしかやっていないんですよね。なのに、あれだけ記憶に残る試合をやってるっていう。

坂本　本当に凄いですよ。

――リング外でのトラブルも多々あった人生ですけど。

坂本　でも語弊を恐れずに言うと、「これだけやんちゃなことをやれたら、こんなにいいこともやれる」っていうこともあるし、何もしないヤツって結局何もしないじゃないですか？　そのままですけど（笑）。でもリスクを背負ってでもやる人が何かを成し遂げるし、才能ってそういうものじゃないですか。何かないから、何かがある。何もやらなきゃ失敗もしないですよ。だけど栄光も絶対に手に入れられない。

――たしかにそうですよね。

坂本　ハワイから日本に来たこともそうだし、ランディ・クートゥアとの試合もそう。常にリスクを背負って何かしているから彼はいまでも素敵なんじゃないですか。

――そう、素敵なんですよ。いまでもカッコいい。なんかズルいですよね（笑）。

坂本　そうなんですよ（笑）。こうして社会にいると、残念な人って世の中にはいっぱいいるじゃないですか？　結局それって「俺、間違ってないかな？　合ってるかな？」って後ろ振り向きながら走っているからじゃないですか。そこを「いいんだよ、俺はかっこ悪くても」って言ってるんだったらいいけど、カッコつけててカッコ悪いっていう。そんな人にさも正論かのように意見を言われても、「そうですね」とはならないじゃないですか。

――声が届かないっていう。

坂本　響かないですよ。たとえ「ああ、そうなんだ」となったとしても一瞬だけ。いくら人のせいにしたり、環境のせいにしたりしても全部自分の責任なんですよね。ボクらも修斗の運営をやってると、いろんな人からいろいろなことを言われますけど、いちいち真摯には受け取りませんから。そんなの受け取り拒否。反省もしませんもん（笑）。

——気持ちいい！（笑）。社会で生きていると、どうしても他者との衝突とか軋轢は避けられないと思うんですけど、そういうとき、坂本さんはどういう思考をして、どういう処理をするんですか？

坂本　基本的には気にしないですよね。5秒くらいは気にしますけど、「1回気にしたから、もういいかな」って。

——坂本さんにはちょっと文学的な部分と、もともと不良でマッチョな部分というのがあると思うんですけど、「うるせえな。以上」って感じですか？

坂本　なんかもう耳に入ってこないですね。物事を「やる」と決めたら、外からの声はもう知らないって感じです。もちろんいろいろ学びますけど、自分がやりたいことを遂行するために学ぶだけであって。「こういうことをやったらどうかな、やめたほうがいいよ」って言われても、「いや、そんな話は聞きたくない。どうやったらできるかっていうことだけを教えてくれない？」ってなっちゃうんです（笑）。

——強いですねえ。

坂本　「ああ、もう大丈夫。時間の無駄だから」って。否定的な話を聞いても無駄じゃないですか。こっちは「やる」って決めてるんだから（笑）。結局、何か物事を先に進めるときって不安よりも好奇心のほうが勝っちゃいますよ。それは社会に反するというか、法律違反をしてでもってことじゃなく、自分が信じていることに関してですよね。自分が何をやりたいのか、何が好きなのか。自分の場合は修斗が好きだとか、修斗をやらなきゃいけないっていう部分に関しては、かならず好奇心が勝ちますよね。恐怖に勝るものって絶対に好奇心しかないんですよ。

——好奇心の前には恐怖心などないってことですね。

坂本　そこで恐怖心が勝つと「できない」と思うんですよ。だからボクはジェットコースターに乗れないんですけど、それは恐怖心が勝つから（笑）。

——アハハハハ。「そんなに楽しくなさそうだ」と（笑）。

坂本　「ネジ外れたらどうするの？」とか思うと、もうダメ（笑）。だからこうしてコロナとかがあると、好奇心だけでは絶対に勝負できないものも出てくるんですけど、それでも「この状況でいかに勝つ方法を考えるか」っていうことなんですよ。その勝つためにはいろんな人からの意見も聞くし、そこで「坂本、間違ってるよ」って言われても「あっ、そうなんだ。何が？」って言うだけの話ですから。

——たとえば、同じ目標に向かって一緒に進んで行こうっていうチームがあったとして、そのチーム内でも意見の相違が生じることってあると思うんですけど、そういうときはどういう思考をしますか？

坂本　やっぱり適材適所ってあるから、いちばんいいのは『WON'T BE LONG』みたいなのですよね。「足りない頭なら知恵を盗めばいい」って。できないことは力を貸してもらえばいい。やっとそういう思考ができるようになりましたね。それは歳を重ねるうちに面の皮が厚くなったのか、多少丸くなってきたのかわかんないですけど（笑）。なんでも自分でやって「俺にやることに何か文句あるの？」っていうのではなくなってきたし、「俺、これはできないな」と思ったら「どうしたら良いですか？」っていうことを言えるようになったと思うんですよね。

――その場合、チーム内が全員なんらかのプロフェッショナルであることが条件になりますよね。

坂本　ただ、そこでお願いを聞いてもらって助けてもらえるのは、ボク個人がどうこうっていうよりも修斗というものに力があるからじゃないかなって思います。「修斗をなんとかしよう」ってみんなが思ってくれているから、修斗をやっている坂本をフォローしてみようと思ってくれているんだと思うんですよ。ABEMAの北野（雄司）さんもそうだし、長南（亮）たちもそうだし、ONEチャンピオンシップの人たちもそうなんですけど、なんかみんなが「修斗のためなら」と助けてくれる。これがひとりでやっているんだったらちょっとツラかったなと思うんですけど、いくら不満分子がいたり、反対意見があったとしても、「坂本、間違ってないよ。助けるよ」「これはこうやったほうがもっといいんじゃないですか」って言ってくれる人がいればそっちの話を聞いてしまいますからね。

――そうですよね。

坂本　反対意見を言う人だって、彼らもべつに足を引っ張ろうとしているわけではないと思うんですよ。いろいろと考えた上で、さまざまな意見を言ってくれているとは思うんだけども、「どんな状況でも勝つ方法を考えよう」っていうのがボクの考えなので。「負けそうだからやらない」とかっていう考え方が嫌いなんですよ。「見えない問題とかって怖いじゃん」って言われても「たしかに怖えよ。じゃあ、何もしないのか？　じっと待ってるだけでいいのか？」って思いますよね。でもね、強引にエンセンの話に戻すと、なんでもそうだと思うんですけど、結局は〝かわいげ〟ですよ（笑）。

――かわいげっていうのは、イコール、サバイバルの術ですよね。エンセンさんも笑顔がめちゃくちゃかわいいですからね。

坂本　人間のよさってそういうところだと思うんですよ。井上さんだってかわいいもんね（笑）。

――あら（照）。まあ、自分で言うのもなんですけど、かわいくありたいとは思っています（笑）。

坂本　そうですよね（笑）。でも、それっていいことじゃないですか。井上さんにかわいげがあるからこそ、たとえば長州さんとかにもずっと呼ばれたり、ずっと会いに行けたりできるわけじゃないですか（笑）。たぶん、そういうことなんですよ。田中角栄だって、勝新太郎だって、エンセン井上だって、みんなどっかかわいいんですよ。ズルいんですよ（笑）。

TARZAN by TARZAN

ターザン バイ ターザン

はたして定義王・ターザン山本！は、ターザン山本！を定義することができるのか？「あの当時のことを西村修があとから暴露してくれたんよ。長州がレスラーを全員集めて『これから週プロと戦争をやるからおまえたちも心しておけ。週プロとは絶対に馴れ合うなよ』って釘を刺していたらしいんだよね」

絵　五木田智央　聞き手　井上崇宏

第十六章

退社

「『夢の懸け橋』を起点にマット界では活字プロレスの終焉を迎えて、週プロからゴングの時代になるんですよ！」

――『夢の懸け橋』をやった代償が、同じ年の10・9新日本対Uインター全面対抗戦につながっていくっていうのはどういうことですか？

山本　だから『夢の懸け橋』が終わった頃から俺自身の中では坂道を転げ落ちて行くんよ。それは結局「時代はもう変わった」と。ファンも熱狂もなくなり、これからは物語のない時代に移っていくと。だから俺はもう何を言っても無駄、「活字プロレスは終焉だ」ということを悟ったわけですよ。

――まず、『夢の懸け橋』のチケットの初動の売れ行きを見て時代を悟った」って言ってましたよね。

山本　だって初動がたったの7000枚なんだよ。俺はその時点で「あっ、すべては覚めた。俺がやってきたことは終わった。もうここが終着駅だな」ってシラけたんだよ。数字だとハッキリわかるじゃない。

――だから『夢の懸け橋』前から感じていた空気だったということですよね。

山本　『夢の懸け橋』をやる前から薄々と感じていて、すでにシラけていたわけですよ。俺にとっては悪い予感というか、ここから悪い出来事というか、負の連鎖が始まるなっていうことがわかった。「よくもドーム興行をやるだなんて、社長はやってくれたな！」と。そこで俺の支配力はもう失ったと思ったんだけど、会社は週プロで大儲けしてるから、社長はまだまだ未来永劫だと思ってるわけですよ！

――この時代がいつまでも続くものだと思っていたんですね。

山本　だから東京ドームを押さえたわけですよぉ！

――得てして、時代を終わらせるのってトップの人間ですよね（笑）。

山本　オーナーが勘違いするんですよ。だって、それまで1回もプロレスに関わったことがないんですよ？　俺に対してもいっさい口出ししたことがないんですよ？

――その初めての口出しが……。

山本　東京ドームだったっていう、もの凄い漫画みたいな話なんですよ！

――『夢の懸け橋』の最終的な収支はどうだったんですか？

山本　いや、ここが俺のおもしろいところで、それは事業部の岩本さんが担当してやっているわけですよ。でも俺にもその数字を聞く権利がある。

——それはもちろん。

山本　でも俺は「その数字を聞いたらヤバイ」と思ったから、あえて聞かなかったんよ。だから俺はいまだにあのときの数字が実態としてどういうことになっているのかわからないわけですよ。実際は何人観客が入って、チケットが何枚売れて、そこから東京ドームに25パーセント取られたりだとか、東京ドームの借り賃は1億だとか、設営費がいくらとか、全部データとしてあるわけじゃない。それを俺はまったく見ないと心に決めたんよ！　知らないほうがいいと！　だから実際にいくら儲かったかは俺にはわからない。

——なんで数字を知ったらヤバイんだか（笑）。いまだに知らないなら、もう永遠に知らないでしょうね。

山本　いっさい知らない。ただ、創業者の社長が俺を呼んで「ごくろうさんでした」と言って、俺に特別報奨金としてたった10万円をくれたわけですよ。

——もう聞きましたよ、それは。それをその週末の競馬で全部スッたという（笑）。

山本　それで、のちに俺はいまの3代目の社長と飲みに行ったことがあるんですよ。そのときに彼がポロッと言ったことがあって、あの1995年はベースボール・マガジン社史上で最大の売上だったと。それを聞いて「ああ、これはあの東京ドームだな」と気づいた。だって1995年は地下鉄サリン事件や阪神大震災もあった年なんですよ。出版物なんて何も売れてませんよ。だけどじつはあそこがピークで、あとは坂道を転がっていく、太陽が沈んでいく夕日だったわけですよ。でも会社はそう考えてはいないよね。

——ずっと午後2時だったわけですね（笑）。

山本　そうそう！（うれしそうに手を叩く）。だから俺は売上も相当なものだったんだなと思った。だって、あの会長が俺を呼びつけてさ、普通は10万円なんか出すわけないですよぉ！　あれはやっぱり儲かったからこそ俺に対して引け目があったんだと思うんだよ。「ホントはこれだけ儲かったから、山本に対して何もしないというのはちょっとまずいな」とか、あるいは「このまま山本にどっかに逃げられるんじゃないか」とか。それでもったいぶって10万円を出してきたわけですよ。だからあれは一種の儀式ですよ。しかし、あそこを起点にしてマット界では活字プロレスの終焉を迎えたんですよ。週プロからゴングの時代になるんですよ！

——愚直に雑誌だけを作っているゴング側にファンは流れたと。

山本　のちに週プロの編集長になった濱部（良典）さんが言っていたのは「クラスマガジン」だっけ？　クラスマガジン化していく起点になったわけですよ。要するに元に戻ったと。

――正常な状態に戻った。

山本　俺の週プロでの9年間のほうが異常だったと。狂気の時代だったわけですよ。その狂気の時代にいちばん反応した人間が長州力。時代をいちばん理解した男だからこそ、俺を敵視して「コイツがマット界を乗っ取るんじゃないか」とか「新日本もやられるんじゃないか」っていう恐怖感を抱いたんよ。それは最近になって猪木さんが「ターザン山本は天下を取り損ねた男だ」と言い続けているのとマッチしているんですよ。あそこの時点では猪木さんもそう思ったわけよ。「コイツは天下を獲るな」と。そして長州は「天下を獲られるんじゃないか」という恐怖感と不安があそこで爆発したわけですよ。

「長州はいちばん受け身のうまいノンポリの安生洋二と対戦したわけですよ。やっぱりマッチメイクがうまいんですよ」

――東京ドームが活字プロレスの死の墓標となったわけですね。『夢の懸け橋』以降の山本さんのテンションはどうだったんですか？

山本　ガタ落ちですよ！

――目に見えて（笑）。

山本　会社が『週刊プロレス』に介入した時点で終わったなと思ってるから。週プロ編集部はあくまで治外法権であり、俺は全権を任されていたわけ。編集権や人事権なんかもいっさい何も言われずにすべてを任されていたんですよ。それが会社にパッと介入された。その時点でターザン山本はポジション的に終わった。自分でコントロールしていた世界が完璧じゃなくなったわけですよ！

――そうすると現場の磁場も狂いますよね？

山本　いちおう大儲けしたから会社と俺は一心同体で共犯関係なんだけど、構造的に上位の支配者が出てきたわけですよ。俺は『夢の懸け橋』をやりたくない」と言ったのに社長から「やれ」と言われた。やらされた。そういうことですよ。

――テンションがガタ落ちになった山本さんってどうなるんですか？

山本　ダラダラですよ。

――編集部で手を抜くターザン山本（笑）。

山本　いやいや、手は抜いてないけども！　1週間のサイクルがあるのでそれにはエネルギーは注ぎ込んでるんだけど、以前のようなパッションは自分の中ではもうなくて、気持ちはどんどん沈んでいってるわけですよ。

——雑誌はルーティンでできていたと。

山本 だから自然とルーティンワークになっていくわけですよね。とにかく俺が何をやろうとしても、そこにはもう活字プロレスがないわけだから意味がないんですよ。活字そのものがファンにとってはめんどくさくなっているんだから。その象徴がさ、東京ドームのリングに俺は出たくないから隠れていたのに、佐藤（正行）が「橋本（真也）さんが『リングに来てください』って言ってます」って俺を呼びに来たんだよね。そこで俺は行っちゃいけないわけですよ。それなのに佐藤がよかれと思ってやったんだけど、あれをやったら終わりなんですよ。だからそこでも俺の中に違ったものが入ってきたわけですよ。それで案の定、俺がリングに上がったらファンから大ブーイングを受けたんよ。東京ドームをやったのは俺なのに、大恥をかかせられたわけですよ！（笑）。

——上がりたくもないリングに上げさせられ（笑）。

山本 それで上がった瞬間に大ブーイングだもん（笑）。

——あるある（笑）。

山本 つまりターザン山本は目立ちすぎだというね。いつも「マイナーパワーだ！」と言っていたのにマット界でメジャーになっちゃったんだからね。東スポも超え、伝統あるゴングも超えちゃったと。それが日本人の心情としては「ノー」なわけですよ。なのに俺はそういう人間になってしまっていたわけですよ。

——本当に絵に描いたような出る杭ですね（笑）。

山本 でも自業自得なんだよね。俺は部下に署名で原稿を書かせていたんですよ。それってベースボール・マガジン社では違反なんですよ。でも編集者は自分の名前でやらないとやる気が起きないし、テンションも上がらない。それと編集長も目立たなきゃいけないっていうのがあったからそのやり方を押し通したんだけど、会社はいっさい文句を言わなかったんですよ。ほかの媒体なら絶対に文句を言ってるのに。ただ、それさえももう限界が来てたな。活字プロレスっていうのはモノの見方でしょ？　つまり物事を変なアングルから見るわけでしょ？　自分の脳内でひとつの現象を人工的に違った現象に変えていくというさ。それを読者のみなさんは喜んでくれていたのに「いや、もうそれは余計なことだ。違った見方なんてしなくていい」というフラットな世界に移行したわけですよ！　だから俺はもうすっかり用無しですよ！

——「おい山本、リキラリアットになんらかの意味を見出そうとするな」と（笑）。

山本　そうそう。つまり社長が介入してきただけでなく、橋本と佐藤正行も介入してきたっていうさ。

——橋本&佐藤タッグに無理やりリングに上げられて辱めを受け（笑）。

山本　それで、そのあとに何が起こったかと言えば、Uが終わったんですよ。

——10・9。

山本　あそこでUWFという概念が終わった。UWFインターは経営困難に陥っていたわけじゃないですか。そうしたらインターの鈴木健さんが新日本とドッキングして、10・9全面対抗戦をやったでしょ。あれは俺が予想していた結末の最たるもので、あそこでUが殺されたわけだけど、じつは本当に殺されたのはUじゃなくて俺が殺されたんですよ！

——なるほど。たしかに。

山本　あの日、長州はいちばん受け身のうまい、ノンポリの安生洋二と対戦したわけですよ。あのね、長州と対戦するのは安生しかいないんですよ。あとの人たちは長州に負けたら自分の中でのUが壊れるわけだから。でも安生にはUの精神なんか何もないからね。だからやっぱり長州はマッチメイクがうまいんですよ。そして安生は見事にリキラリアットを食らうわけでしょ。

——めっちゃ回転して。

山本　そうそう。だから俺はあの試合を観て「安生、おまえは何をやってるんだ！　バカヤロー！」って誌面で書いたわけですよ。腹いせですよ！（笑）。それであの日、武藤敬司が足4の字固めで髙田延彦に勝った瞬間に、UWFは完全に長州力に負けた。長州がUを殺した。長州は鈴木健とドッキングして「団体対抗戦をやりましょう」となってやったわけだから、つまり俺は鈴木健にも殺されたんですよ。

「UWFをいちばん理解していたのはじつは長州なんですよ。だから俺は長州に『Uはおまえだよ！』って言いたいよ！」

——メッタ刺しじゃないですか（笑）。

山本　あの興行は史上空前の入りだったんだよね。めちゃくちゃ盛り上がったわけですよ。新日本とUのファン同士のイデオロギー闘争があり、そこで新日本が勝ったことによって俺は完璧に殺された。長州が俺を殺したんだよね。

——活字プロレスを殺したわけですね。

山本　あそこでUと活字プロレスを同時に終わらせたんですよ！　だからもうあの時点でもう俺は完璧にやる気を失った。お手上げ状態ですよ！

――長州力にしてみたら、憎きUとターザン山本を同時に潰し、そして北朝鮮大会での赤字をも補填してみせた完璧な仕事ぶりですよね。

山本　そうそう。長州と永島勝司のコンビがさ、あそこでU、活字プロレス、ターザン山本をなぎ倒したわけですよ。一網打尽ですよ！　やっぱり永島さんにも東スポ出身のプライドがあるから、たかだか雑誌の編集者にマット界を牛耳られたら悔しいとかいろんな気持ちがあるわけでしょ。だから永島さんと長州は気持ちの部分で一致していたんだよね。

――モースト・デンジャラスコンビ（笑）。

山本　Uを潰すためにはほかにもリングスとパンクラスがあったんだけど、あのふたつは独自路線でやっているから新日本とは絡まない。だけどUインターだけは新日本の延長線上にあるストロングスタイルなわけですよ。

――「プロレスは最強の格闘技である」を標榜して。

山本　だからあれはハッキリ言えば同じ穴のムジナなんですよ！　それでやったらUインターはカネの力で負けるだけですよ。相手のリングに上がるってことはUインターからすればアウェーなわけでしょ。新日本は格闘技戦もいつもホームでやって勝つわけだから。だからあの10・9でUWFファンは絶望して、相当なダメージを受けてトラウマになっていくんだけど、最大のトラウマを食らったのは俺なんですよ！（笑）。

――足を引きずりながら花道を引き上げていく髙田延彦に対して浴びせられるべき罵声は「前田が泣いてるぞ！」じゃなくて、本当は「ターザンが泣いてるぞ！」だったんですね（笑）。

山本　俺はもう完璧に自覚したもんね。「これはもう俺は引き下がるしかない……」と。すっかり用済み、この業界にいてもなんの意味もない。そうしたら翌年3月に新日本から取材拒否という通告が飛び込んできたんよ！

――容赦ない！　山本さん！　申し訳ないですけど、めちゃくちゃおもしろいですね！（笑）。

山本　そこまですべてつながってるんですよ！　だから俺が言いたいのはね、長州は「山本、Uはおまえだ」と言ったけど、俺はこう言いたいわけですよ。「Uは長州力ですよ！」と。つまりUWFをいちばん理解していたのはじつは長州なんですよ。Uに所属していたレスラーたちは、じつはUの概念をあまりわかっていないわけですよ（笑）。

――意外と中にいると（笑）。

山本　Uというイメージの中に彼たちは依存しているわけだからその価値をわかっていないわけ。外側にいる長州こそが、

Uが持っている性格や主張、からくりなんかを全部わかっていたわけですよ。だから世界でいちばんUを理解していたのは、じつは長州力なんだよ！　だからこそ潰そうとしたし、潰せたわけですよ！　だから俺は長州に「Uはおまえだよ！」って言いたいよ！

――いま頃言われても、長州にはマジで響かないでしょうね（笑）。

山本　それだけ彼の頭はシビアだったというか、「プロレスについて考えること」は俺と長州は一緒だったわけですよ。

――新日本からの取材拒否の直接的な理由は、山本さんが巻頭記事で「地方で手を抜く新日本」って書いたからでしたっけ？

山本　いや、違う。その前にすでに取材拒否の通知は来ていたんですよ。でもその通知をパッと見たらさ、名前が書いてなくて、新日本の誰がこれを出したのかがわからないわけですよ。坂口社長が出したのかどうかもわからない。でも、そのバックにいる人間が誰なのかは俺にはわかってるわけですよ。長州と永島だということは知ってるわけ。だけど向こうはそこを曖昧にしている。だから普通だったら「これはおかしい！」「新日本は間違ってる！」「まったくもってナンセンスだ！」っていう反論を山ほど書くことができたわけですけど、でも俺がいくらそれを書いても、SWSのときと違ってファンは誰もついてこないと。もう読者も大衆も俺にはまったくついてこない、むしろそれをやる俺を嫌がる。だから、そこで俺は闘うことを放棄したんだよね。プロレスファンのみなさんはシラケてるわけだから（笑）。ハッキリ言えば、あのときのファンのみなさんは選挙に行かない無党派層みたいなものですよ。

――軽いディスがきましたね。

山本　俺が何かをやればやるほどみんなの気持ちが引いていく。「そういう闘いはもう見たくないんだ」と。だから闘う前からもう新日本が勝っているわけですよ。だから俺は知らん顔をして誌面では抵抗をしなかったんよ。そして、そのうち新日本との交渉が総務部に移ったわけ。その時点で俺の負けが確定ですよ（笑）。俺がSWSと誌面で闘っていたときは、会社の総務も役員も出てこないですべて俺に任せていたわけですよ。ところが、それまでもいろんな取材拒否の歴史が山ほどあったのに、初めて会社の総務が出てきたんよね。そんなね、素人が新日本と交渉なんてしたら新日本の好きなようにやられるしかないんですよ（笑）。だから案の定、総務だから交渉の場では常識的なことばかりを言うんだけど、それを永島さんは全部拒否するんですよ。つまり子ども扱いされたわけですよ。俺はそれを見て「ああ、しゃあないな……」ってまたさらに引いていくわけですよ。会社としては、日刊スポーツの偉い人に間に入ってもらうとかいろいろ工作もしたんだけど、新日本は全部拒否！　そのときに「俺はもう辞めるしかない」と決めたわけ。

「ハッキリとしない新日本からの取材拒否の理由はあとから俺が作ってあげたんですよぉぉ！」

——すみません、名目上の取材拒否の理由ってなんでしたっけ……？

山本　理由も書いてないんですよ！（笑）。そこもぼやかされてるわけですよ。それで俺は「窮鼠猫を噛む」じゃないけど意地を見せなきゃいけないっていうので、巻頭記事に「地方で手を抜く新日本プロレス」って書いたんよ。そうしたら永島さんが烈火のごとく怒ってね（笑）。

——まさに火に油！（笑）。

山本　だから、俺があの記事を書いたことで逆に新日本は「取材拒否をする理由ができた！」みたいな感じになったんですよ（笑）。

——ちょっとよくわからないから、こっちで理由をつけてあげた（笑）。

山本　そうそうそう！（笑）。それで向こうはもう大喜びして、「アイツ、こんなことを書いてるぞ！」となって。それで「これは営業妨害である」ということで、あそこで初めて取材拒否の理由ができたわけですよ。つまり俺が作ってあげたんですよぉぉ！

——「私が殺される理由はこれです」と（笑）。

山本　そうそう！（笑）。

——それから新日本の記事が誌面に載っていないとなれば、売上はどんどん落ちていくわけですか？

山本　もちろんですよ！　俺は毎週数字をチェックしていたんだけど、もうガンガンに落ちていくわけですよ。それまでは、みなさんの中では「たとえ新日本が載っていなくても週プロだったら買う」っていうのがあったんだけど、それさえも消えたと。だから「新日本が載ってないからゴングを買おう」ってなっていったわけですよ。だからゴングは火事場泥棒ですよ！　ゴングは何もやっていないのに売上だけが伸びていって、GK（金沢克彦）なんかは大喜びしてるわけですよ。

——「ついに週プロを抜いたぞ！」と。

山本　そうそう。だってさあ、竹内（宏介）さんがあとになってから言うんだもん。「もし、あのとき私のところに相談してきたら、私は『取材拒否という手段は間違ってるからゴングと週プロで協力して新日本と闘っていこう』と言おうと思ってた」って。相談したとしても竹内さんがそんなこと言うわけないじゃないですか！　ライバル関係なんだから！（笑）。俺はそれから総務に「これはいったいどうなってるの？」って聞かれて、もうめんどくさいから社長や重役連中に「この解決方法はひとつしかありません。私が辞めることです」と言ったんよ。そうしたら「いや、そんなことあるわけないじゃないの。それは関係ないでしょ」ってまた常識論を言うわけですよ。それすらも理解できていないんよ。

――たしかに一般社会だと、いくら外部から圧力をかけられたとしても「じゃあ責任を取らせてクビにします」っていうのはやらないですよ。でも山本さんからすればそれしかないですよね（笑）。

山本　そうそう。とにかく売上がガンガンに落ちていってるから「もうこれは俺が辞めるしかない」と。で、そのタイミングでまた悪いことが重なるんだよぉ。全日本女子プロレスの松永会長ですよ！　松永会長が「8月に日本武道館で全女2連戦でやる」と。ところがチケットがまったく売れてないってことで、「おたくは東京ドームをやったでしょ。だからウチの武道館の興行を買い取ってくださいよ」と言ってきたんよ。そうしたらさ、事業部の岩本さんも舞い上がってるから買っちゃったわけですよ。

――岩本ぉ～！（笑）。

山本　そんなの時代が違うんだからいけるわけないじゃない。それでまた岩本さんがさ、普通はアリーナの1階は5000円なのに1万6000円にしたんよ。「こんなの誰が買うんだ⁉」と思ってさ。全女が独自でやってもダメだったものをウチでやってもなんの意味ないじゃない。「週プロでやれば入る」という時代じゃないことをわかっていないんですよ。それで俺はもう武道館がガラガラになってるところを想像した瞬間、すぐに辞表を書いたよ！

――なるほど！（笑）。

山本　だって、そこまで会社にいたら武道館がガラガラなのを見なきゃいけないし、それまで俺がやってきたことに傷がつくわけですよ！「その前に一刻も早く辞めなきゃいけない！」というので、俺は7月頭に辞表を書いて持って行ったよ！「まずい、俺の実績がみんな飛んでしまう！」ってことで（笑）。

――今回ばかりは「イッツ・ノット・マイ・ビジネス！」と表明させてもらうと（笑）。

山本　だから俺は辞表を総務には持っていかないで、俺のことを前々から嫌っている専務がいたので、その人のところに持って行ったんですよ。そうしたら案の定、「わかりました！」ってすぐに受理されて「1週間後には退職金を払いますよ」と言われたわけ（笑）。

——確実に秒殺してくれるところに持って行ったわけですね。

山本　だから俺に対して会社から「辞めるな！」っていう工作はまったくなかった。引き止め工作ゼロ（笑）。でもね、二代目の社長はインテリで凄いいい人なんですよ。俺があの人に感謝してるのは、たぶん向こうも「悪かったな」っていう思いがあっただろうし、俺がいきなり辞めたら会社のイメージも悪くなるからってことで「子会社の恒文社に行ってくれ」と言ってきたんよね。「そこで適当に籍を置いてやってください。これから半年間、毎月50万払いますから」と。

——6カ月ですか？

山本　6カ月。それは退職金とは別扱いで、社長権限でやってくれたわけですよ。退職金は別で1000万もらったわけ。それで俺は恒文社に出社するようになるわけだけど、もうやることがないわけですよ。だから会社には通ってるんだけど、まわりがみんな仕事をやっているのに俺だけぼーっとしててさ。腑抜けのターザン山本なわけですよぉ（笑）。

「濱部さんも非常に事情がよくわかっていたから『クラスマガジン』という言葉を発して、活字プロレスからクラスマガジンへと移行させたんよ」

——まわりの人たちも困ったでしょうね。毎朝、腑抜けた大男が出社してきて（笑）。

山本　困りますよぉ。それで約束の6カ月が終わった時点で、向こうは「もうこれ以上は出せませんが月10万円はお出しします」と言ってきたわけですよ。

——えっ、それはなんの10万ですか？

山本　要するにそれ以降も拘束して軽く面倒をみますっていうさ。でも俺は月10万円というお金は大きいけど、それよりも自分の自由を選んだわけですよ。だから「いや、もう完璧に辞めさせてください」と言って断ったわけ。でも、その判断はウチのカミさん的にはまずかったわけですよ……。

——お子さんはまだ小学生でしたよね。やっぱり月々の10万っていうのは馬鹿にできない額ですよね。

山本　そのことがのちの離婚につながるひとつのきっかけになったというね。

——なるほど。

山本　それで俺は完璧に会社を辞めたんよ。そうしたら編集部の外から次の週プロ編集長として濱部さんを呼んだよね。それは要するに市瀬（英俊）くんとか俺の息がかかった人間を編集長にしたら新日本とうまくいかないだろうというね。そうじゃなくて新日本との関係で中和剤となりうる、色のない人を選ばなきゃなきゃいけないっていう社長の判断で、『ボウリングマガジン』を作っていた濱部さんを呼んだんですよ。

——「心を入れ替えました」っていうアピールもしなきゃいけないし。

山本　新日本も濱部さんだったら安心できるわけじゃない。さらに濱部さんも非常に事情がよくわかっていたから「クラスマガジン」という言葉を発してね、活字プロレスからクラスマガジンへと移行させたというね。すべてに整合性があるんだよ。だからあのときは俺を潰すために外から第1～4の使者が次々と来たわけですよぉ。

——その矢が全部ブッ刺さったわけですね（笑）。

山本　だけど新日本がエゲツないと思ったのは、俺が辞めた時点で取材拒否を解除すべきなんよ。でも俺が辞めてもすぐに解除しなかったんよ。

——あれはなぜですか？

山本　俺が辞めたのは7月初めで、本来ならそこですぐに解除しなきゃいけないのに何をしてきたかと言ったら、もの凄い嫌がらせをやってきたんよ。つまりG1クライマックスが終わるまで解除しなかったんよ。それで週プロに壊滅的なダメージを与えたわけですよ！　そうしたらまたゴングのほうはバカ売れして天下を獲ったようなものですよ。そのことをGKなんかはいつも言うんだよね。でも俺はそのときに「これはゴングも終わるな」と思った。ゴングは週プロと対等に勝負して売れたわけじゃないんですよ。週プロは取材拒否をされてるから売れなかった。ゴングだけがG1という年間最大イベントを独占的にやってるんだから、そりゃ売れて当たり前でしょ（笑）。なのにゴングの連中はすっかり舞い上がってしまって、週プロとのライバル関係のバランスも崩れてるわけですよ。だから「これはもうゴングも終わるな」と。実際に終わったもんな～（笑）。

——ちょっと話を戻すんですけど、新日本に続くようにほかのいろんな団体も週プロを取材拒否をしてきたじゃないですか。それこそUインターとかもでそうですよね。

山本　レッスル夢ファクトリーまでもね。だからあれは永島さんの圧力ですよ。「おまえたちは俺と同盟を組んでるんだから一緒に取材拒否をしろ」というね。だから新日本と同盟を組んでるところは泣く泣く取材拒否をしたわけですよ。

——やり口がダセえ……。

山本 だからレッスル夢ファクトリーにもUインターにも罪はないわけですよ。

——そこに対して山本さんは思うところはない？

山本 べつにない。「しゃあないな」と。逆に「そこまで新日本はやるのか、永島さんは凄いな」と思ったよね。あそこで永島さんの執念を見た。「そこまで俺のことを意識してたんだな」って。逆に言えば俺のことをそれぐらい恐れていたんだなっていうね。

——はあー。

山本 だから、あれは凄い闘いだったんだよ。それで新日本が4月29日に東京ドーム大会をやったときも取材拒否の真っ只中だったんだけど、週プロは記者がチケットを買って入って、試合写真のない増刊号を出したんだよね。あれが週プロの最後の意地だよ。『週刊プロレス』で育った編集者たちが団結した最後ですよ。自分たちの最後の確認作業というかさ。

——あの増刊号は売れたんですか？

山本 売れてないでしょ。

——なんか売れていない気がしますね。

山本 売れるわけないじゃない。写真がないんだから（笑）。表紙を薄いピンクにしてね。

——あの表紙を薄いピンクにしたのは市瀬さんですよね？

山本 いやいや、俺でしょ。

——いや、ボクの記憶だと山本さんが市瀬さんに「ホントにこの色でいいのか？　黒じゃなくていいのか？」って言っていたと思うんですよ。

山本 あっ、それはもしかしたらそうかもわからないね。

——それも素っ気ない感じで「市瀬、これ、ピンクでいいのか？　黒とかじゃなくて？　まあ、これでいいか」みたいな。たしかにもう、まったくやる気がないんですよ（笑）。

山本 俺は試合レポートを書いてなくてみんなに任せてるんだから、まったくやる気がないんですよ。だからあれは市瀬を仮の編集長にして作らせたわけですよ。それでさ、あの当時のことを長州との関係がうまくいってなかった西村修があとから暴露してくれたんだけど、長州がレスラーを全員集めて、「これから週プロと戦争をやるんだからおまえたちも心しておけ。週プロとは絶対に馴れ合ったらダメだからな」って釘を刺してたらしいんよ。そういうときの長州は体育会系の論理でガッチリ言うわけですよ。だけど、またそれをバラす西村っていうのもなんだかさぁ……（笑）。

ターザン山本！（たーざん・やまもと）
1946年4月26日生まれ、山口県岩国市出身。ライター。元『週刊プロレス』編集長。
立命館大学を中退後、映写技師を経て新大阪新聞社に入社して『週刊ファイト』で記者を務める。その後、ベースボール・マガジン社に移籍。1987年に『週刊プロレス』の編集長に就任し、“活字プロレス”“密航”などの流行語を生み、週プロを公称40万部という怪物メディアへと成長させた。

兵庫慎司のプロレスとはまったく関係なくはない話

第65回　公衆浴場における「くぱぁ」の問題

兵庫慎司

（ひょうご・しんじ）1968年生まれ、広島出身、東京在住。音楽などのライター。雑誌は『週刊SPA！』や『月刊CREA』など、音楽ウェブサイトはSPICEやリアルサウンドなどで仕事中。DI:GA ONLINEの、観たライブすべてをレポする連載『とにかく観たやつ全部書く』は月2回アップ。コロナ禍以降、どこのサウナも一席空きにしたりして入れる人数を制限していますが、「なのに通路であるサウナの階段部分に座っちゃうヤツ」がいて、見かけるたびに殺意を抱きます。

かなり前に、TBSラジオ『伊集院光深夜の馬鹿力』で聴いたエピソード。

伊集院が通っているフィットネスジムのドレッシングルームに、「ドライヤーは髪を乾かす以外の用途に使用しないでください」という注意書きが貼られていた。え？どういうこと？髪を乾かす以外の何かに、使う人がいるってこと？なんに？と、不思議に思った伊集院だったが、後日、その理由を知ることになる。

ドレッシングルームに足を踏み入れた彼が目撃したのは、全裸で両足を大きく開き、肛門の両側にVサインの形で指を当て……そう、同番組で伊集院が多用する言葉、「くぱぁ」の形で肛門を左右に開き、そこにドライヤーの熱風を当てている爺さんの姿だったのだ。

という件を思い出すような話を、最近、知人の女性、Aさんからきいた。場所は、都内の某スーパー銭湯。温浴→水風呂→温浴→水風呂の往復の間に、たまにサウナをはさむ、というのが、彼女のルーティーンだそうだが、その何回目かの水風呂に浸かっていたときのこと。

サウナから出たお婆さんが、水風呂に入って来た。そして、水に浸かっている彼女の顔に正面から相対する形で、足を広げ、両膝を下り、相撲でいうところの蹲踞の形でしゃがむ。膝下あたりまでは水の中、尻と局部は水面すれすれ。

何？と思ったら、その婆さん、2本の指で女陰を「くぱぁ」と開き、膝を屈伸させて、水面に浸けたり水上に戻したり、という動きを、くり返し始めたというのだ。

自分の顔の正面で、目線の高さでくり広げられる「ババアが女性器に冷水を通す」光景。どうでしょう。なかなかないでしょう、これ以上の地獄絵図は。しかも本来なら「地獄」よりも「天国」に近いはずの、スーパー銭湯という場所で。「天国と地獄」ならぬ「天国で地獄」。水風呂の冷たさも相まって、意識が遠くへ飛びそうになってしまったという、彼女は。

にしても。ドライヤーの熱風を当てたくなるほど乾きにくい場所なのか？あなたの肛門は。「くぱぁ」とやって水風呂でジャブジャブしたくなるほど、サウナから出ても熱いままなのか？　あなたの女性器は。その爺さんと婆さんにそう問いたい、というのはもちろんあるが、それ以上に私は、ただただうらやましいのだった。

何が。伊集院とAさんの、その引きの強さが。こんなにしょっちゅう銭湯だのサウナだのに通っていて、ライブ取材なんかで地方に行くときはかならずサウナ付きカプセルホテルに泊まるのに（コロナ禍以降はご無沙汰だが）、なんでそんな、生涯記憶に刻みつけられるようなシーンに出くわしたことがないんだ、俺は。

と、悔しいし、伊集院&Aさんのそれの足元にも及ばないが、銭湯で出くわすたびに、「いいのか？　それ」と言いたくなる光景が、私にもある。

私が通っている銭湯のうちの3軒は「サウナで本読むの、あり」というルールだ。「雑誌や新聞の持込禁止」と謳っているところもあるが、その3軒のうち2軒は「べつに咎めません」ということで、持ち込んで読んでいる人がいるし、残りの1軒はもっとオープンで、ロビーにマンガの棚があってコンビニコミックなどが置いてあり、そこから持って入って読んでよし、ということになっている。自分でマンガを持って来た客が読み終わるとそこに置いて帰る、そして何人もが読んでボロボロになると銭湯側が捨てる、というシステムになっていることに、通い始めてしばらくして気がつき、自分も時々、持ち込んで置いて帰るようにした。自分が置いて行ったマンガをほかの客が読んでいたりすると、謎にマウント欲が満たされます。

って、それはいいんだけど、問題なのはですね。その3軒すべてで目撃したことがあるのだが、サウナに図書館の本を持ち込んで、読んでいるヤツがいるのだ。表4に「世田谷区××図書館」ってシールが貼ってあるので一目瞭然。いやいやいや、ダメでしょ、それあんたの本じゃないんだから！ページに汗とか落ちるし！と、出くわすたびに激しく憤る私なのだが、でもそのたびに、これが「あきらかにマナー違反なのに注意するのが難しい」という、ある種特殊な事案であることを、思い知るのだった。

たとえば「道にゴミを捨てる」などの、具体的に人に迷惑をかける行為なら、注意する側に正当性があるけど、俺、図書館の人じゃないし。つまりこの「図書館の本をサウナに持ち込む、本が傷む」というマナー違反の蚊帳の外に自分はいる、だから注意できない、下手するとうっとうしいクレーマーになってしまう、という。

こんなふうに、俺と同じ思いを抱えている人、ほかにも誰かいないかしら。もしかして、「借りた本を浴室に持ち込まないでください」と呼びかけている図書館、あったりしないかしら。

と思い、「図書館 本 サウナ」で検索をかけてみたが、「公衆浴場やサウナの設計に役立つ本」とか、そういうのしか出てこない。なので、「図書館 本 サウナ 持ち込み」で検索してみたところ、トップに出て来たのは、以前に同じネタで書いた、自分のブログだった。

ああ、もう、なんかねえ。

仮面サンクス

古泉智浩

第72話 マスク警察

実際コンビニっていろんな人がやってくるんだろうなあ……。まして コロナ。

え？どんな
マスクしてない客がいるってクレームなんですけど
なんだよそれ
これ食べてからでいい？
ダメですよ
すぐ来てください
食べ始めたとこだぞ
はい私が店長ですが
ほらあいつだよ
マスクしてねえだろ
いいのかあんなやつ放置していて

いや……でもしかし
もしかしたらマスクをできないような
何か事情があるのかもしれない
はあ？
オレだってこんなマスク
したくてしてんじゃねえぞ
じゃあオレも外していいのか
いや……
もちろん当店では着用をお願いしておりまして……
だったらあいつにもさせろ
オレも外すぞ
これでどうだ
ばっ
ふざけやがってこんなマスク
びしっ

関係ねえぞ
くだらねえ
ザッ
ザッ
くそっくそっ
……
……
あ
店長ちょっと
たいへんです
ニュース速報
米トランプ大統領が
新型コロナウィルス
感染
トランプ大統領が感染したみたい
マジ?
え
ニュース
米トランプ
新型コロナ
感染
……

マッスル坂井と真夜中のテレフォンで。

10/17

MUSCLE SAKAI DEEPNIGHT TELEPHONE

矢地選手には、スーパー・ササダンゴ・マシンってちょっとヤンチャな若者が羽目を外したレスリングをやっていると映っていたわけでしょ？　それは本当に光栄な話ですよ

「私はここからの20年を生き抜くために覆面を被っているんですよ」

——前号の巻末にこのマッスル坂井のコーナーがなかったことについて、私のもとに「とてもさびしかった」という意見が2件届きました。

坂井　えっ、たった2件!?

——いやいや、「ゴキブリを1匹見つけたら100匹いると思え」って言うじゃないですか。なので、私としては200人の方が同意見をお持ちだと思っていますよ。

坂井　私のもとには1件です。

——300人……!!　えっ、あった?（笑）。

坂井　ありましたね。それで私にその1件に対して、シャレで「すみません、ご時勢的なものでもう打ち切られちゃいました」って返事をしたんですよ。そうしたら「わかりました。もう『KAMINOGE』は買いません」みたいな（笑）。

——あのさ、マッスル坂井の友達が、マッスル坂井から「連載を打ち切られました」って言われたら「じゃあ、もう買いません」って言うしかないじゃん（笑）。

坂井　アッハッハッハ！　その人、とある大企業の社長さんなんですよ。

——なるほど。やっぱりスパッといくね（笑）。

坂井　切るときは切りますね。豪腕です。

——というわけで、ボクはあらためてこの巻末のマッスル坂井コーナーの必要性を思い知ったという話です。

坂井　いい話です。そういえば、こないだ井上さんに会いに『HOLY SHIT』に

構成：井上崇宏

立ち寄ったら、青木（真也）選手と矢地（祐介）選手がいて、3人でコーヒーを飲んでいたじゃないですか？

——はいはい、ありましたね。

坂井　じつはあの日、俺は1時間くらい前には近くに着いてたんですけど、その3人でいるって聞いたから、なんかすぐに行っちゃいけない感じがして、よその喫茶店で時間を潰してましたよ。

——えっ、なんて奥ゆかしい。

坂井　だって偶然出会った3人じゃないでしょ？

——まあ、約束して落ち合った3人ですね。

坂井　わざわざ落ち合って話をしているわけじゃないですか。やっぱトークテーマがあったわけでしょ？

——坂井さん、思い当たる節はないですか？

坂井　思い当たる節？　はて。

——男たちは思い悩んだときに井上に会いに来るっていう法則を。

坂井　いや、だから俺はめちゃめちゃ会いに行ってるじゃないですか（笑）。

——矢地選手とは初対面だったでしょ？

坂井　もちろんですよ。接点などあろうはずがない。

——あの日、矢地選手が放った忘れられない言葉があって、「ササダンゴさんって意外とオジサンなんですね……」っていう。あれはめっちゃ笑ったな（笑）。

坂井　だからぁ！（笑）。あれは光栄な話ですよ、本当に。要するに「スーパー・ササダンゴ・マシンって、ちょっとヤンチャな若者が羽目を外したレスリングをやってるんだと思ってた」っていうことでしょ？とてもいい歳を取ったオジサンがやっているようには見えなかったわけでしょ？（笑）。

——フワちゃんと同世代ぐらいに思ってたんだろうな（笑）。

坂井　それはとてもありがたいなと思いましたよ。まさにそのために私は覆面を被ったんですから。ここからの20年を生き抜くために（笑）。

——我が意を得たりだ。

坂井　はい。だから「さすがだな」と思いました。矢地選手はセンスがいい。で、よくわかんないけど、俺が着いたときにはもう話は終わっていたんですよね？

——終わってましたね。

坂井　矢地さんがスッキリした表情をしていた印象がありましたからね。で、今月の表紙はなんですか？

——ザ・ロード・ウォリアーズです。『プロレス社会学のススメ』でウォリアーズを語るっていう特集で。

坂井　斎藤文彦さんとプチ鹿島さんのやつですよね。あの連載ってもう何回目ですか？

——今回で7回目ですね。

坂井　もうすでに単行本が出せそうなボリュームですよね。だから年に1冊くらいずつ単行本を出せますよ。

「俺はバックステージでのコメントを聞いた瞬間に『ああ、飯伏が優勝決定戦に行くんだな』と思って」

——あー、12回分で1冊とかいけるかもだね。あとは巻頭でレスリング世界王者の太田忍選手と、エンセン井上さん。

坂井　エンセンさん！　エンセンさんっていまは数珠アーティストなんですか？

——ジムで指導をしながら数珠も作って

るって言ってましたね。でも、数珠って自分の気分がいいときじゃないと作れないんだって。

坂井　そんな気がしますね。でも、なんでまた数珠を？

——前にエンセンさんが運転中に事故って、ベンツが廃車になるくらいの大事故だったんだけど、自分は上唇が腫れただけで済んだと。それは知人からもらった数珠をつけていたからだと思い至ったそうなんですよ。

坂井　えっ？　あのー、俺はエンセンさんに怒られることを覚悟して言いますけど、それはベンツが守ってくれてますよ。あとエンセン自身の努力で作り上げたあの太い首が守ってくれたんですよ（笑）。

——まあ、そういう見方もできますね。でね、取材はエンセンさんの自宅でやったんだけど、まあ自宅がめちゃくちゃカッコいいの。

坂井　そう聞くと、なんか平屋っぽいイメージがしますね。

——そう、平屋！　それで広い庭に焚き火をするコーナーがあったり、池に鯉をすげー飼ってたりして。

坂井　すげえ。

——別の場所にもでっかい水槽がふたつあって、そこには子どもの鯉がたくさんいて。たぶんブリーディングをやってるんじゃないかな？

坂井　はあー。エンセンさんっていまいくつですか？　まだ40代ですよね？

——違うよ。俺よりも上だもん。今年で53歳。

坂井　あっ、そうなんですか。俺より10個も上だったんだ。

——だから広い庭付きの平屋を買って、そこからさらにいろんなカスタムが施されていて「ここも庭だったけどデッキにしたんだよ」とかね。「全部カッコいい～！」って。

坂井　ちなみに家の中でも靴は履いたままのスタイルでした？

——靴は脱いで入るスタイルでしたね。

坂井　なるほど。やっぱ表札には「井上」って書いてあるんですか？

——どうだったかなあ……。

坂井　そこ大事でしょう。やっぱピットブルとかいるんですか？

——いまはピットブルを家庭犬に改良したアメリカンブリーっていう犬を飼っていて。

坂井　なるほど。

——なるほどって。それでガレージにはちょっとしたジムもあってね。いまは結婚もして、ずっと家にいて幸せに暮らしてるって言ってたよ。

坂井　最高っスね。まあ、エンセンさんっていまだに見るからにカッコいいですからね。そこに元相撲取りの人も加わって。

——スダリオ剛ね。彼はまだ23歳なんだけど、思った以上にエンセンさんとフレンドリーに接していて。まあ、練習中は厳しいって言ってたけど。

坂井　それは強くなりそうだなあ。スダリオ選手も取材のときにいたんですか？

——いたね。

坂井　ひえー。

——なんの悲鳴。

坂井　ところで飯伏さんは今年のG1優勝しますかね？

——もう優勝決定戦進出は決定しましたね。

坂井　したんですよ。公式戦の鈴木みのるさんとの試合、めちゃめちゃおもしろかったですよね。

——というか、やっぱり鈴木みのるさんの試合自体がおもしろいよね。

坂井　おもしろいです。特に飯伏戦はめちゃめちゃいいものを観てる感じがしましたよ。今年のG1クライマックスは全体的にいい試合の連続っていう印象があるんですけど、まあ、俺はプロレスのことはよくわからないんで、あまり偉そうなことは言えないんですが（笑）。それでね、G1公式戦ってひとり9試合でしょ。で、飯伏さんは6〜7試合目を終えたくらいのときのバックステージでね、テレビカメラに手のひらを向けて「5勝です、5勝！」ってやっていたんですよ。要するに「これで1位タイです」みたいなアピールをしていて。まだまだ優勝戦線に残ってますよみたいな感じで「5です、5！」ってね。

——テンションが上がっていたんでしょうね。

坂井　それでもう公式戦はあと2試合くらいなんですけど、「まだまだ。やっと、ここからが折り返しなんで」って言ってるから、俺は「折り返し？　もう7試合くらいやってるよな……」と思いまして。

——おお？

坂井　俺はそれを聞いた瞬間にピンときまして、「ああ、優勝決定戦に行くんだな」と思って（笑）。飯伏さんの頭の中では、もうそういうスケジュールが入ってるっていう。

——えっ、どういう意味？

坂井　真意はわかんないですけど、なんなら同率で並んだりとか直接対決みたいなのを経てから優勝決定戦に臨むみたいな意気込みってことですよね。飯伏さんは残りの試合数をそのＭＡＸまで計算した場合、あの日が折り返しだったんだなと思ったんですよ。だから飯伏幸太ひとりだけが優勝決定戦までの試合数を、つまりリーグ公式戦だけじゃなくてその先まで見てるっていう。そんな意気込みでやってるんだから今年も絶対に優勝しますよ！

——つまり優勝する気マンマンでいるっていう。

坂井　そう。優勝する気マンマンなんですよね。まあ、だとしても計算が間違ってるんですけどね（笑）。

※飯伏幸太さん、Ｇ1クライマックス2連覇おめでとうございます！

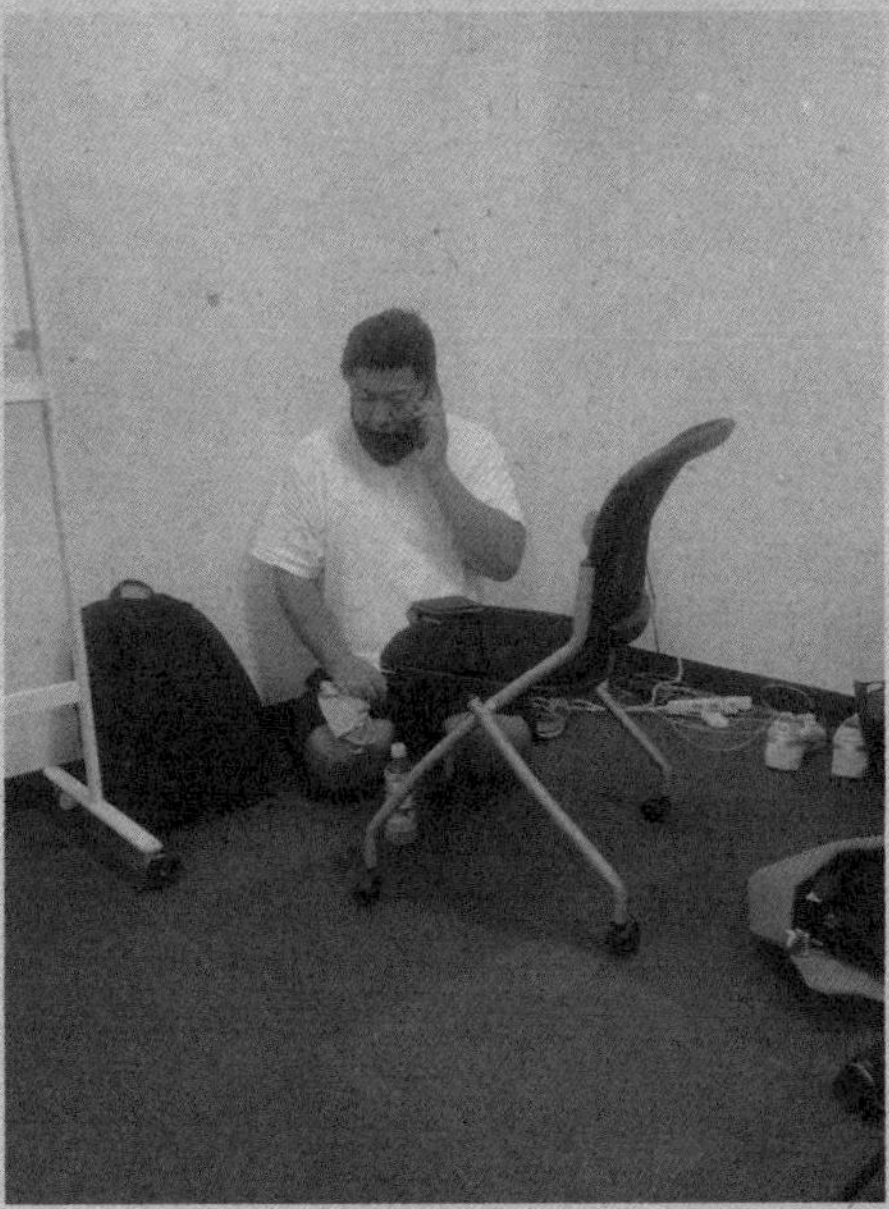

KAMINOGE No 107

次号 KAMINOGE108 は 2020 年 12 月 5 日（土）発売予定！

2020 年 11 月 16 日
初版第 1 刷発行

発行人
後尾和男

制作
玄文社

編集
有限会社ペールワンズ
（『KAMINOGE』編集部）
〒154-0003
東京都世田谷区上馬 1-33-3
KAMIUMA PLACE 106

WRITE AND WRITE
井上崇宏
堀江ガンツ

編集協力
佐藤篤
村上陽子

デザイン
高梨仁史

表紙デザイン
井口弘史

カメラマン
タイコウクニヨシ

編者
KAMINOGE 編集部

発行所
玄文社
［本社］
〒107-0052
東京都港区高輪 4-8-11-306
［事業所］
東京都新宿区水道町 2-15
新灯ビル
TEL:03-6867-0202
FAX:048-525-6747

印刷・製本
新灯印刷株式会社

本文用紙：
OK アドニスラフ　W A/T 46.5kg